MELHORES
POEMAS

Augusto dos Anjos

Direção
EDLA VAN STEEN

MELHORES
POEMAS

Augusto dos Anjos

Seleção
JOSÉ PAULO PAES

global
EDITORA

© Global Editora, 2010

4ª EDIÇÃO, GLOBAL EDITORA, SÃO PAULO 2003
1ª REIMPRESSÃO, 2010

Diretor-Editorial
JEFFERSON L. ALVES

Gerente de Produção
FLÁVIO SAMUEL

Coordenadora-Editorial
DIDA BESSANA

Assistente-Editorial
JOÃO REYNALDO DE PAIVA

Revisão
IARA ARAKAKI

Projeto de Capa
VICTOR BURTON

Projeto Gráfico
SÍLVIA CRISTINA DOTTA

Editoração Eletrônica
TATHIANA A. INOCÊNCIO

Dados Internacionais de Catalogação na Publicação (CIP)
(Câmara Brasileira do Livro, SP, Brasil)

Anjos, Augusto dos, 1884-1914.
Melhores poemas Augusto dos Anjos/Seleção de José Paulo Paes. – 4. ed. – São Paulo: Global, 2003. – (Melhores Poemas; 19).

ISBN 978-85-260-0474-0

1. Poesia brasileira. – Coletâneas. I. Paes, José Paulo. II. Título. III. Série.

94-1563   CDD-869.9108

Índices para catálogo sistemático:

1. Coletâneas : Poesia : Literatura brasileira   869.9108
2. Poesia : Coletâneas : Literatura brasileira   869.9108

Direitos Reservados

Global Editora e Distribuidora Ltda.

Rua Pirapitingui, 111 – Liberdade
CEP 01508-020 – São Paulo – SP
Tel.: (11) 3277-7999 – Fax: (11) 3277-8141
e-mail: global@globaleditora.com.br
www.globaleditora.com.br

Obra atualizada conforme o
Novo Acordo Ortográfico da Língua Portuguesa

Colabore com a produção científica e cultural.
Proibida a reprodução total ou parcial desta obra
sem a autorização dos editores.

Nº de Catálogo: **1573**

José Paulo Paes nasceu em Taquaritinga, SP, em 1926. Poeta, ensaísta, tradutor e jornalista. Entre os livros que publicou figuram *O aluno, Cúmplices, Poemas reunidos, Anatomias, Meia palavra, Resíduo* e *Um por todos*, todos de poesia, bem como *Mistério em casa, Pavão, Parlenda, Paraíso* e *Gregos & Baianos* de ensaios. Entre as suas traduções, destacam-se as dos *Sonetos luxuriosos* de Aretino, dos *Poemas* de Kaváfis e do *Tristram* e do *Tristram Shandy* de Sterne.

SUMÁRIO

Augusto dos Anjos ou o Evolucionismo
às Avessas 11

DO EU

Monólogo de uma Sombra 41
Agonia de um Filósofo 49
O Morcego 50
Psicologia de um Vencido 51
A Ideia 52
Soneto 53
Versos a um Cão 54
O Deus-Verme 55
Debaixo do Tamarinho 56
As Cismas do Destino 57
Budismo Moderno 79
Sonho de um Monista 80
Solitário 81
Mater Originalis 82
Idealismo 83
Último Credo 84
O Caixão Fantástico 85
A um Carneiro Morto 86
Vozes da Morte 87
Os Doentes 88

Asa de Corvo	114
O Martírio do Artista	115
O Mar, a Escada e o Homem	116
Ricordanza Della Mia Gioventú	117
A um Mascarado	118
Vozes de um Túmulo	119
Contrastes	120
Gemidos de Arte	121
Versos de Amor	130
Sonetos	132
O Corrupião	135
Noite de um Visionário	136
Alucinação à Beira-Mar	140
Vandalismo	141
Versos Íntimos	142
A Ilha de Cipango	143
Poema Negro	146
Queixas Noturnas	152
Tristezas de um Quarto-Minguante	156
Mistérios de um Fósforo	162

DE OUTRAS POESIAS

O Lamento das Coisas...	169
O meu Nirvana..	170
Caput Immortale...	171
Louvor à Unidade...	172
Guerra..	173
Última Visio..	174
O Poeta do Hediondo...	175
Numa Forja...	176
Canto de Onipotência...	180
À Mesa...	181
Mãos..	182
Versos a um Coveiro..	183
As Montanhas...	184
Apocalipse...	186
A Nau..	187
Viagem de um Vencido...	188
A Obsessão do Sangue...	195
O Último Número..	196
Biobibliografia..	197
Obras sobre o autor..	205

AUGUSTO DOS ANJOS OU O EVOLUCIONISMO ÀS AVESSAS

Quem lê pela primeira vez a poesia de Augusto dos Anjos há de certamente estranhar-lhe a profusão de termos científicos. Embora seja nela que esse pendor terminológico foi elevado ao máximo, nem por isso se pode considerá-lo um traço de ordem estritamente pessoal. Partilharam-no muitos dos que, antes de ou contemporaneamente ao futuro autor do *Eu*, cursaram a Faculdade de Direito de Recife quando ali se fazia sentir ainda a influência de Tobias Barreto. Desde o seu rumoroso concurso para lente substituto em 1882 até a sua morte sete anos depois, Tobias seduziu, com a força da sua personalidade de polemista e a novidade das ideias do positivismo francês e do materialismo alemão de que se fez arauto entre nós, a juventude acadêmica. Para Graça Aranha, seu aluno, ele teria sido nada mais nada menos que "o maior homem do Brasil até hoje", aquele que abriu "uma nova época na inteligência brasileira" então "afundada na teologia, no direito natural, em todos os abismos do conservantismo", sendo "o transformismo, o monismo e o determinismo" as "grandes alavancas" com que levou a cabo esse trabalho ciclópico. No caso de Graça Aranha, a convivência com o mestre sergipano não só lhe abriu a mente para a "inteligência do universo" como lhe infundiu uma "aspiração à cultura científica" de onde, conclui, ele, "se originou uma metasfísica, pela qual eu me integrei no Cosmos e me resignei a ser um acidente do universo"[1].

Por uma peripécia intelectual semelhante passariam outros alunos de Tobias, assim como os que, a exemplo de Augusto dos Anjos, tendo cursado a Faculdade do Recife nos

---

1. ARANHA, José Pereira da Graça. *O meu próprio romance*. São Paulo: Companhia Editora Nacional, 1931. p. 149-156

anos imediatamente subsequentes à sua morte, puderam respirar a atmosfera cientificista por ele ali deixada. Di-lo Pardal Mallet num artigo malicioso escrito em 1889: " 'Vocês. lá no sul, são poetas! Nós, aqui, somos filósofos!' Isto me foi explicado por um rapaz da Academia do Recife, muito entendido nessas cousas de Haeckel e amigo de Tobias Barreto. [...] O rapaz falava numa grande verbiagem charlata de termos arrevesados. Ontogênese para aqui, moneras para ali, filogênese para acolá – toda a retórica palavrosa da *Histoire de la création*, enfim"[2]. Tal cientificismo não ficou restrito ao campo do direito e da filosofia, mas transbordou para o da literatura, dando origem a uma corrente, a poesia científica, que, como a Ideia Nova e o parnasianismo, se propunha a substituir o romantismo, àquela altura em adiantado processo de dissolução. Os corifeus da poesia científica foram Sílvio Romero, o incansável apóstolo de Tobias Barreto, e José Isidoro Martins Júnior. A contribuição do primeiro se resumiu aos *Cantos do fim do século* [1878], nos quais há mais hugoanismo requentado em torno de lugares-comuns como a Civilização, a Revolução Francesa, a Natureza etc. do que propriamente empenho de dar cidadania poética às novas ideias de Darwin, Comte e outros, os quais operaram "a grande transformação das ciências da natureza", transformação que acabou por invadir "a esfera das ciências do homem"[3] para citar palavras de "A Poesia de Hoje", texto com que Sílvio prefaciou o seu único livro de versos. Já Martins Júnior ia mais longe em suas *Visões de hoje*

---

2. Transcrito em: PONTES, Eloy. *A vida inquieta de Raul Pompeia*. Rio de Janeiro: José Olympio, 1935. p. 152.
3. *Apud* MARTINS, Wilson. *História da inteligência brasileira*. São Paulo: Cultrix, 1979. vol. IV , p. 36.

[1881]. Dizia na introdução do volume que cumpria à poesia, sua contemporânea, alimentar-se "dos sentimentos filosóficos de nossa época, mas cantando-os sem *tratadizar* (seja-me lícito empregar esse termo) no poema ou na ode, uma ciência particular ou uma ordem de conhecimentos especiais"[4]. Por força dessa preocupação de se manter no terreno das generalidades, o cientificismo poético de Martins Júnior acabou por se contentar, na prática, ou em celebrar vagamente a "lei da evolução", reivindicando-lhe a aplicação na vida política, com a derrocada dos frades e dos reis e o estabelecimento da república laica, ou então, não menos vagamente, a ver na ciência o "novo Deus, a nova Providência" cujos profetas eram Littré, Spencer, Buckle, Comte, Haeckel, Pasteur, Darwin e Broca. Menos do que com a ciência em si, que no entanto lhe servia de rótulo à poética, preocupava-se Martins Júnior, por republicano e anticlerical, com as consequências "progressistas", no domínio da vida política, social e intelectual brasileira, das novas ideias evolucionistas. Ficou, portanto, nas exterioridades do pensamento cientificista: nem este lhe renovou a linguagem condoreira nem lhe conformou a visão poética propriamente dita.

Outro, bem outro, foi o caso de Augusto dos Anjos. Na sua obra não deparamos, como na de Martins Júnior, louvações da ciência *in abstracto* enquanto fautora do avanço social e moral da humanidade, a espancar com as luzes da razão as trevas da superstição e do obscurantismo religioso, tanto quanto do conservadorismo político. Isso porque o âmbito dela não é o épico e o cívico hugoanos herdados pela poesia científica da poesia condoreira, mas antes o lírico e

---

4. *Idem*, p. 112-114.

o subjetivo. Melhor dizendo, o existencial, o enfrentamento direto da consciência individual com o universo, sem a intermediação do coletivo; o caniço pensante de Pascal diante do "silêncio eterno desses espaços infinitos" a interrogar--se sobre o sentido da vida. Como acontecera com Graça Aranha, também a Augusto dos Anjos possibilitou a cultura científica chegar a uma metafísica *lírica* de integração entre o eu e o Cosmos. Grifei o adjetivo *lírico* para acentuar que essa metafísica advinha não da adoção passiva de uma doutrina filosófica já pronta; era, mais do que isso, a adaptação de uma individualidade criativa a um *Zeitgeist* marcado pela obsessão cientificista.

Ainda que a poesia de Augusto dos Anjos fosse de índole filosofante, desobedecia ela tacitamente aos preceitos formulados por Martins Júnior no prefácio das *Visões de hoje* na medida em que privilegiava "uma ciência particular" e "uma ordem de conhecimentos especiais". O levantamento do vocabulário científico do *Eu e outras poesias* revela de pronto uma acentuada predominância de termos tomados de empréstimo à biologia. É bem de ver, porém, que tal predominância decorre precisamente dos "sentimentos filosóficos" reinantes na época, para usar as próprias palavras de Martins Júnior. Pois, se como lembra Whiteheads[5], o racionalismo e enciclopedismo dos séculos XVII e XVIII foram buscar à matemática e à teoria física a sua concepção do universo como uma máquina bem regulada de que Deus fosse o invisível relojoeiro, o evolucionismo do século XIX, não abrindo mão da causalidade mecânica, que ele

---

5. *Apud* WILSON, Edmund. *O castelo de Axel*. Trad. J. P. Paes. São Paulo: Cultrix, 1967. p. 10-12.

estendia ao reino dos fenômenos químicos, biológicos e sociais sem se dar ao trabalho de mudar-lhe o nome, teve nas ciências biológicas, em especial na zoologia, na anatomia e embriologia comparadas, bem como na microbiologia ou "teoria celular" como era então chamada, o seu modelo teórico por excelência. Modelo que os naturalistas desse século orgulhosamente autodenominado "século da ciência" não hesitavam em extrapolar para o campo da filosofia. Dessa generalização sem cerimônias nasceria o monismo materialista de Haeckel que, pelo seu caráter amadorístico, tão bem ressaltado por Augusto Messer, tinha um "certo encanto fácil"[6] capaz de seduzir os principiantes no estudo da filosofia, como Augusto dos Anjos. Com o desembaraço e a audácia dos dogmáticos, Haeckel transpunha a doutrina evolucionista de Darwin para campos tão distantes dela quanto a imortalidade da alma, a natureza do Cosmos, a concepção de Deus, os princípios éticos, a organização da sociedade etc., propondo-se a dar solução a todos os "enigmas do universo" – título aliás do mais popular dos seus livros – com o seu simplório materialismo, "de acordo com a ideia ingênua de que, para toda questão racional, há uma resposta indubitável, ao menos por parte da ciência e, sobretudo, da ciência natural".[7]

    O nome de Haeckel aparece citado mais de uma vez no *Eu*. A primeira vez no soneto "Agonia de um Filósofo", no verso "Desde a alma de Haeckel à alma cenobial!..."; a segunda no começo do mais longo poema do livro, "Os

---

6. Apud COSTA, João Cruz. *Contribuição à história das ideias no Brasil*. Rio de Janeiro: José Olympio, 1956, p. 302.
7. Messer, *op. cit.*

Doentes", onde ele figura ao lado de Spencer, o mesmo "insigne Herbert Spencer" do conceito de "homogeneidade indefinida" mencionada noutro soneto, "*Mater Originalis*". Todavia, o vocabulário e as ideias-chave de um e, em menor medida, do outro, permeiam o livro todo. Termos encontradiços nos livros de Haeckel, mas não nos dicionários comuns da língua, aparecem nas páginas do *Eu*. Nos "Mistérios de um Fósforo", topa-se a certa altura com a palavra *cítula*, que nem o Novo Aurélio nem o dicionário da Academia, de Antenor Nascentes, registram:

> E afogo mentalmente os olhos fundos
> Na amorfia da cítula inicial,
> De onde, por epigênese geral,
> Todos os organismos são oriundos.

Haeckel foi buscá-la à teoria celular de Koelliker e Virchow; designa ali a célula-mãe ou óvulo fecundado do qual provêm os "milhares de milhões de células que constituem o nosso corpo, a 'república celular'[8], conforme está explicado em *Os enigmas do universo*, uma espécie de suma teológica do pensamento haeckeliano. Outro caso semelhante seria o de *psicoplasma*, não consignado no Novo Aurélio e que Nascentes, ao definir como a "base material de toda a atividade psíquica", simplesmente repete ao pé da letra a definição de Haeckel: "Designamos provisoriamente esta base material de toda a atividade psíquica, sem a qual essa atividade

---

8. HAECKEL, Ernesto. *Os enigmas do universo*. Trad. Jaime Filinto. 3. ed. Porto: Chardron-Lelo, 1926. p. 33.

não é concebível, sob o nome de psicoplasma."⁹. *Pró-dinâmica*, que tampouco consta daqueles dois dicionários, aparece na primeira quadra de um soneto em cujo título Augusto dos Anjos faz praça de sua fé monística. Chama-se "Sonho de um Monista":

> *Eu e o esqueleto esquálido de Ésquilo*
> *Viajávamos, com uma ânsia sibarita,*
> *Por toda a pró-dinâmica infinita.*
> *Na inconsciência de um zoófito tranquilo.*

Sob a forma de "prodinamia universal", o termo é definido, em *Os enigmas do universo*, como a "força original geral do Cosmos", força que Vogt concebia como a "densação individual duma substância única que enche continuamente todo o espaço infinito". Tal substância teria uma "alma", tanto assim que quando se aglutinava em matéria ponderável tornava-se um "veículo do sentimento de prazer". A isso se opunha, porém, o éter, forma sutil e imponderável dessa mesma matéria única; nele, a condensação suscitava um "sentimento de desprazer", pelo que a "consequência desta separação entre a massa e o éter é uma luta sem trégua entre estes dois partidos antagônicos da substância e esta luta é a causa de todos os processos físicos". Haeckel não se esquece de anotar, na sua exposição resumida da teoria de Vogt, que ela recordava a "doutrina do velho Empédocles sobre o 'amor e o ódio dos elementos' ".[10]

---

9. *Idem*. p. 109.
10. *Idem*. p. 257-260.

É fácil entender o entusiasmo do autor de *Os enigmas do universo* por ideias de tão manifesto pendor animista, apesar de ele as saber rejeitadas pela "física moderna", vale dizer, a física dos seus dias. Vinham elas corroborar a sua lei da conservação da substância, antiga concepção de Spinoza rejuvenescida, pelo seu "monismo depurado" no axioma de que "a força e a matéria são inseparáveis; não são senão formas diversas, inalienáveis, duma só e mesma essência cósmica, a substância".[11] A redução a essa substância primordial de tudo quanto existe, inclusive a alma – como o jovem Wundt, Haeckel acreditava ser "a lei da conservação da força extensível ao domímio psíquico" – e Deus – ser intramundano que é "por toda a parte a própria natureza e opera no interior da substância como 'força' ou 'energia' "[12] – facultava-lhe dar o que ele acreditava fosse o golpe de misericórdia no dualismo das religiões tradicionais para, em lugar delas, instituir a nova religião monista da razão e da ciência. Uma religião que punha a totalidade cósmica sob o império da suprema lei da evolução, de acordo com as palavras do darwinista Baer, por ele citadas como quem cita um texto sagrado: "o pensamento fundamental que rege todas as condições do desenvolvimento animal é o mesmo que reúne em esferas os fragmentos da massa e agrupa estes em sistemas solares. Este pensamento fundamental não é outra coisa senão a própria *vida*, enquanto as sílabas e as palavras pelas quais se exprime são diversas formas da vida."[13]

---
11. *Idem*, p. 249.
12. *Idem*, p. 120.
13. *Idem*, p. 313.

Ao encapsular Deus e a alma na matéria, Haeckel comunicava a esta uma "mitológica animação"[14] cujas virtualidades poéticas Augusto dos Anjos soube desenvolver como ninguém. Mais atrás citou-se um verso da "Agonia de um Filósofo" no qual há uma alusão à "alma de Haeckel". No léxico haeckeliano, "alma" é sinônimo de atividade psíquica e como tal está destituído de qualquer conotação sobrenatural. Isso não impede se revista de uma aura metafísica em função da liberdade com que é aplicado. Conquanto não se atrevesse, como os pré-socráticos, a atribuir "alma" ao átomo, Haeckel a atribuía sem hesitação às moléculas do plasma cujas "memórias moleculares" formavam a "memória elementar dos protistas" ou a sua "alma celular"[15]. Augusto do Anjos vai mais longe ao discernir o macrocosmo no microcosmo, na alma do microrganismo a alma da energia cósmica. Atente-se, já na primeira sextilha do "Monólogo de uma Sombra", poema de abertura do *Eu*, para a fala da larva vinda do "cosmopolitismo das moneras"; *monera*, 'único, solitário' em grego, foi um termo cunhado por Haeckel para designar o organismo que idealizara como o tipo mais primitivo de ser vivo. Na larva falante de Augusto dos Anjos vibra "a alma dos movimentos rotatórios", com o que a alma das esferas celestes se miniaturiza monisticamente na alma larvar. E no belíssimo "O Lamento das Coisas", ouve-se "o choro da Energia abandonada", o "subconsciente da Natureza" aprisionado no "rudimentarismo do Desejo", sem poder realizar-se como transcendência ou luz.

---

14. Augusto Messer, *apud* João Cruz Costa, *op. cit.*, p. 302.
15. *Idem*, p. 58.

Esta referência ao subconsciente da Natureza faz lembrar a *Filosofia do inconsciente* de Eduard von Hartmann, nome não incluído, ao lado de Haeckel, Spencer e Schopenhauer, entre os dos pensadores a cujas doutrinas o poeta foi buscar o arcabouço do seu lirismo metafísico. No entanto, ele lhe conhecia a obra[16] e a menciona num texto em prosa[17] – aquela sua prosa desajeitada de albatroz baudelairiano a tropeçar em terra, ele capaz de voar tão bem no céu da poesia. Associando ecleticamente Hegel a Schopenhauer, Hartmann postulava o Inconsciente como única potência criadora; nesse Inconsciente, que equivalia à ideia absoluta ou Natureza de Hegel, o pensamento lógico e a vontade irracional se confundiam. O principal empenho de Hartmann foi conciliar, no quadro do evolucionismo então dominante, o princípio de causalidade mecânica das ciências naturais do século XIX, para as quais era o passado que explicava o presente e o futuro, com a teleologia ou teoria da finalidade, que, contrariamente, explicava o passado e o presente pelo futuro. Assim,

---

16. Num desatroso discurso comemorativo que pronunciou na capital da Paraíba quando de uma comemoração do 13 de maio, Augusto dos Anjos fala do "imenso quadro teleomecânico, na expressão genial de Hartmann". *Apud* MAGALHÃES JÚNIOR, R. *Poesia e vida de Augusto dos Anjos*. 2 ed. corrig. e aument. Rio de Janeiro: Civilização Brasileira, 1978. p. 204.
17. Sobre as ideias de Hartmann, cf. o *Dicionário de filosofia*, de Orris Soares (Rio de Janeiro: INL, 1952) e o *Dictionary of philosophy*, de Dagobert R. Runes, Nova York: Philosophical Library, 15. ed. rev., 1960. Ao que parece, tais ideias tiveram certa popularidade entre os intelectuais brasileiros dos fins do século XIX. Em *Minha vida* (Rio de Janeiro: Calvino, 1933. p. 75-82), Medeiros e Alburquerque, que foi aluno de Sílvio Romero no Rio, cita entre as suas leituras preferidas, ao lado das obras de Haeckel e Büchner, outro dos seus "grandes entusiasmos dessa época: "a leitura dos livros de Schopenhauer e Hartmann, os dois grandes pessimistas alemães".

as leis da natureza obedeciam ao lógico, que Hartmann identificava ao teleológico; por sua vez, a razão, produto da evolução, vinha redimir a vontade da sua irracionalidade, responsável pela criação de um mundo onde vida era sinônimo de sofrimento[18]. Abrandado pela crença numa "racionalidade" da evolução, o pessimismo de Hartmann, a despeito de suas raízes schopenhaurianas, não era tão radical quanto o do autor de *O mundo como vontade e representação*, de marcante influxo na poesia de Augusto dos Anjos. Mas a noção hartmanniana de inconsciente também influiu nela. Viu-se há pouco que a animização do universo, desde a microscopia da monera à telescopia das forças cósmicas, é característica do *Eu*. Mas importa ver que, na sua poética, essa animização raras vezes se traduz no recurso convencional da prosopopeia, isto é, a atribuição, a animais e coisas, de fala humana, a exemplo do que acontece no "Monólogo de uma Sombra". Na grande maioria dos casos, a subjetividade dos seres animais ou minerais se manifesta ao poeta em nível não verbal, inconsciente, e ele alcança entendê-la não através da razão e sim da intuição. E aqui se configura um dos vários paradoxos que dão à arte de Augusto dos Anjos, como à de Baudelaire, boa parte da sua vitalidade: o de uma visão de mundo que privilegia à ciência, *locus* por excelência da racionalidade, valer-se amiúde da irracionalidade e da intuição, quando não da alucinação, para compreender a intimidade desse mesmo mundo cujas entranhas ela escalpela com o bisturi da sua terminologia científica. Na "Noite de um Visionário", por exemplo, é uma alucinação tátil que faz a "atormentadíssima cabeça" do poeta dar-se conta, sem neces-

---

18. *Op. cit.*, p. 178.

sidade de palavras, da inquietação do "reino mineral americano" e dos micróbios do estrume, um e outros pedindo-lhe "um pedaço de língua disponível" para manifestarem a sua "angústia milenária". Já "Numa Forja" são as "inexplicáveis ânsias" da sua "cavernosa subconsciência", uma "alienação raciocinante", que lhe possibilita entender, no grito do ferro castigado à bigorna, a dolorosa "semântica" da "consciência eternamente obscura" das "coisas mais brutas do Universo".

Correlato do tema da linguagem não verbal dos animais e das coisas brutas, só inteligível à subconsciência, é o tema da fala como luta, igualmente reiterativo nas páginas do *Eu*. Ele esplende no soneto "A Ideia", em que esta, nascida do "encéfalo absconso que a constringe", forceja por libertar-se da "força centrípeta" que ali a prende para fazer-se expressão, mas acaba sempre esbarrando, exausta de lutar, no "molambo da língua paralítica". Volta o tema, agora como "O Martírio do Artista", noutro soneto onde, num daqueles símiles de impacto com que antecipou a técnica do modernismo, Augusto dos Anjos mostra-nos o poeta a quem tarda a inspiração rasgando o papel como "o soldado que rasgou a farda no desespero do último momento", e, "na febre de em vão falar", puxando e repuxando a língua sem vir-lhe à "boca uma palavra". Mas infinitamente mais angustioso é o martírio da "alma dos animais", dentro da qual se trava o "duelo secreto" entre a "ânsia de um vocábulo completo" e "uma expressão que não chegou à língua". Esse duelo está dramaticamente descrito na visão alucinatória das "Cismas do Destino", quando "quatrilhões" de seres elementares – amebas, pólipos, protistas, infusórios – berram dentro da subsconsciência do poeta, seu porta-voz, pedindo "com a boca muda" uma "ganglionária célula intermédia" – quer dizer, a mesma "célula psíquica ou ganglionária intermédia" que Haeckel apontava nos invertebrados como o rudimento neurônico de que procederia evolucionariamente o cérebro dos invertebrados, conforme ensinava "anatomia comparada dos Vermes"[19].

O verme é, de resto, protagonista constante daquela "mecânica nefasta a que todas as coisas se reduzem" referida no "Monólogo de uma Sombra" e que o *Eu* celebra praticamente em cada um de seus poemas. É o "operário das ruínas" do soneto "Psicologia de um Vencido" a quem compete levar por diante "a química feroz do cemitério" figurada na "Noite de uma Vencido". É o deus-verme ao qual está consagrado o soneto desse nome, "fator universal do transformismo" cuja forma o próprio poeta assume em "A Ilha de Cipango" ao comparar-se a um "grande verme que, ao sol, em plena podridão passeia". Esta sinistra divinização do verme faz-se acompanhar de uma necrofilia que é por assim dizer a marca de fábrica e quiçá o penhor da popularidade de Augusto dos Anjos, "poeta do hediondo", como ele se apresentava no título de um soneto em que declara ter por missão cantar a "poesia de tudo quanto é morto".

Não importa muito saber se tal necrofilia é uma sobrevivência da lírica cemiterial do ultrarromantismo, uma refração pós-simbolista da *charogne* de Baudelaire, ou um eco sul-americano do horror gótico-científico de Edgar Allan Poe, indicado por Augusto dos Anjos, num questionário, como dos autores que mais o influenciaram, juntamente com Shakespeare. O importante é ser ela o ponto de fuga de uma cosmovisão *sui generis* na qual o materialismo de Haeckel e o pessimismo, condimentado com uma pitada búdica, de Shopenhauer, se aliam em

---

19. SPENCER, Herbert. *Une autobiographie*. Trad. e adap. de Henry de Varigny. Paris: Félix Alcan, 1907. p. 249 e 260.

excêntrico amálgama para servir a uma arte de tão vincada originalidade que faz logo esquecer as vagas influências literárias que possa haver sofrido tanto quanto as vagas afinidades que possa aparentar com a de poetas dela remotos. A medida da competência dessa arte está no vigor com que logra exprimir sensações de horror e náusea que só nos contos de Poe, não na sua poesia, iremos encontrar tão vigorosamente expressas. Mau grado muitos itens do arsenal horrorífico do *Eu* se tenham desgastado pelo uso excessivo, tal como as "monótonas corujas, executando entre caveiras sujas a orquestra arrepiadora do sarcasmo" referidas no "Monólogo de uma Sombra", outros são redimidos da convencionalidade por via de símiles inovadores. Quando o rodopiar dos "esqueletos desarticulados", na tradicional e medievalesca dança da morte dessa noite de Walpurgis patológico-cientificista que as 105 quadras de "As Cismas do Destino" evocam, é assemelhada a uma "dança de números quebrados", a visualidade da imagem de tíbias desconjuntadas compondo sucessivamente no ar cifras fugazes, feitas só de segmentos de reta, como as dos mostradores digitais de nossos dias, numa figuração da própria pluralidade numérica dos dançarinos, – a estereotipia do motivo se transmuda de imediato em novidade. Mas nesse mesmo poema há outras notações terríficas sem nada de convencional. É o caso dos "fetos magros, ainda na placenta", estendendo as suas "mãos rudimentares" para o poeta; dos "olhos dos defuntos" a perseguirem-no com a sua "esclerótica esverdeada"; do luar da "cor de um doente de icterícia" iluminando impudicamente a "camisa vermelha dos incestos"; da precisão com que é sugerida a "causa fisiológica do nojo" através do símile tátil da "sensação que uma coalhada fresca transmite às mãos nervosas dos que a buscam"; dos "cérebros enormes, como bolhas febris de água, fervendo", a rebentar do "caos de corpos orgânicos disformes", que querem individuar-se como consciência, numa revolta contra a "paz de Buda" a que a evolução os condenou. Símiles que tais vão além dos *Contos do grotesco e do arabesco* de Poe para antecipar o *Lester ward* de Lovecraft.

A revolta dos organismos elementares e das coisas brutas contra os patamares evolutivos inferiores a que foram relegados contrasta polarmente com a ânsia búdica de reversão ao não ser tantas vezes reafirmada pelo poeta ao longo do seu único livro, como por exemplo nesta estrofe de "Os Doentes":

> *Anelava ficar um dia, em suma,*
> *Menor que o anfióxus e inferior à tênia,*
> *Reduzido à plastídula homogênea*
> *Sem diferenciação de espécie alguma.*[20]

A palavra-chave, na citação acima, é *diferenciação*. Foi ela expressamente usada pelo "ilustre Herbert Spencer", em cujo evolucionismo Augusto dos Anjos colheu parte das suas luzes, para definir a noção fundamental de progresso, que mais tarde, após conhecer as teorias de Darwin, ele tornaria sinônima da de evolução: "Digo progresso, mas deveria dizer evolução, porque agora essa palavra assumiu o lugar daquela e começa a ser empregada em lugar de progresso"[21]. Para Spencer, o progresso ou evolução era "caracterizado por uma crescente multiformidade [...] uma integração crescente

---

20. *Op. cit.*, p. 143.
21. FREUD, Sigmund. An outline of psychoanalysis, SE, vol. 23, p. 248s, *apud* NAGERA, Umberto (Org.). *Teoria dos instintos*. Trad. Álvaro Cabral. São Paulo: Cultrix, 1981. p. 61.

andava de par com uma crescente *diferenciação*"[22], em suma, "o desenvolvimento de todo organismo consiste numa mudança do homogêneo em heterogêneo". Ao anelar, portanto, pelo regresso à indiferenciação, o poeta do *Eu* voluntariamente renegava a evolução, num outro dos paradoxos de sua arte: o de um evolucionista confesso que apostava da sua fé em favor de um evolucionismo às avessas. O desejo de reversão à plastídula – ou seja, no vocabulário haeckeliano, a cada uma das "moléculas individuais do plasma ativo" às quais compete veicular hereditariamente a memória celular inconsciente – configurava um itinerário regressivo que o poeta assim explicava na estrofe subsequente à recém--citada:

> Era (nem sei em síntese o que diga)
> Um velhíssimo instinto atávico, era
> A saudade inconsciente da monera
> Que havia sido minha mãe antiga!

Um rankiano desde logo discerniria nesta "saudade inconsciente" da "mãe antiga" um avatar do trauma primordial do nascimento, de que se origina a nostalgia do paraíso perdido, da segurança e aconchego do ventre materno. Mas um freudiano ortodoxo não se deteria aí, mas veria antes, na regressividade do "velhíssimo instinto atávico", a manifestação por excelência daquele instinto de morte cujo "objetivo final é levar o que está vivo a um estado inorgânico"[23]. Para rastrear paleontologicamente esse instinto de autodestrui-

---
22. Glosa de R. Edgcumbe *in* Nagera, *op cit.*, p. 63.
23. *Op. cit.*, p. 178.

ção, Freud não hesitou em remontar, à Haeckel, até o domínio dos seres monocelulares para ali detectá-lo *in nuce* como a compulsão de "repor o organismo no estado de matéria orgânica que exista antes do surgimento da vida"[24]. O desejo de volta ao inorgânico desponta igualmente nesse poema-súmula que são "Os Doentes". Nele, depois de afirmar a sua compreensão monista da morte, confessa o poeta:

> *Não me incomoda esse último abandono.*
> *Se a carne individual hoje apodrece,*
> *Amanhã, como Cristo, reaparece*
> *Na universalidade do carbono!*
> *[...]*
> *Eu voltarei, cansado da árdua liça,*
> *À substância inorgânica primeva [...]*

A referência a Cristo, neste contexto de evolução regressiva ou involução, assume particular significatividade se se atentar para o fato de que, em "Gemidos de Arte", o poeta irá falar da sua "absurda vontade de ser Cristo para sacrificar-[se] pelos homens". Todavia, não é só pelos homens que ele aspira a sacrificar-se, mas por todos os seres do universo. Na "Viagem de um Vencido", diz doer-lhe no crânio "o funcionamento de todos os conflitos da matéria"; é dentro dele que se cumpre "o próprio sofrimento da Substância". Ei-lo, pois, feito uma espécie de Cristo evolucionário em cuja individualidade e psiquismo altamente diferenciado vem ecoar a dor cósmica do que ficou evolu-

---

24. Freud, *op. cit.*, p. 248s.

tivamente para trás, desde o "choro da Energia abandonada" até a "multissecular desesperança" do minério "condenado a uma estática mesquinha" e a uma "consciência eternamente obscura". Assim como o filho de Deus abdicou da sua divindade para, filho do Homem, sofrer com e pela humanidade, assim também o Cristo evolucionário do *Eu* renuncia à sua "singularíssima pessoa", de que nos fala no celebérrimo "Budismo Moderno", para, livre como o deus-verme das "roupas do antropomorfismo", cumprir a paixão dos bichos, sobretudo os mais rudimentares, das coisas brutas e das forças indiferenciadas do universo, por amor deles remontando involutivamente à "pátria da homogeneidade" que, nostálgico, nomeia em "Debaixo do Tamarindo".

Evidentemente, esse roteiro involutivo tem por força de passar pela morte, *leitmotiv* consabido da poesia de Augusto dos Anjos, em torno do qual se aglutinam os motivos não menos consabidos do nojo, da doença, da podridão e do horror. A despeito, contudo, da lúgubre cenografia de cemitério a que sempre se associa, a morte é nela vista menos como antípoda da vida do que parte integrante do seu perene ciclo evolutivo, porta do acesso panteísta ao Grande Todo que a religiosidade laica do monismo de Haeckel identificava com Deus, mas que no *Eu* se identifica ao nirvana búdico. E este remete diretamente a Schopenhauer, onde o poeta foi buscar-lhe a ideia, segundo dá a entender, em "O Meu Nirvana" a alusão à "manumissão schopenhauriana". Ao lado de Haeckel, Schopenhauer é, reconhecidamente, a principal influência que pervaga os poemas do *Eu*. Se a um deve o poeta seu vocabulário científico e seu monismo evolucionista, ao outro deve o pessimismo existencial e o ceticismo gnoseológico por que substituiu o ingênuo otimismo do primeiro, para quem todos os enigmas do universo haviam sido praticamente resolvidos pela ciência do século XX. No livro III de *O mundo como vontade e representação*, Schopenhauer perfilha a doutrina kantiana de que conhecemos apenas os fenômenos, não as coisas em si, e nos seus *Parerga e Paralipomena* aponta o sofrimento como o sentido "mais próximo e imediato da nossa vida" e discerne até no infusório "a dor infinita [...] de que o mundo está cheio", postulando que quanto mais se ascende na "escala da animalidade" [25], maior é a capacidade e a carga de sofrimento, as quais culminam, como não podia deixar de ser, na autoconsciência humana. O sofrimento universal é inseparável da Vontade, entidade metafísica em que Schopenhauer compendiava a cega impulsão de viver, algo assim como o *élan* vital de Bergson, que subjaz à natureza orgânica. Para superar o sofrimento existencial ou as "dores do mundo", só abdicando da sua causa, a vontade – a que os instintos, inclusive, e primeiro que tudo, o instinto

---

25. A propósito das alusões budistas na poesia da Augusto dos Anjos, não proviriam apenas de sua familiaridade com a obra de Schopenhauer. Ele deve ter lido obras especializadas sobre o budismo, como o dá a entender, em "Monólogo de uma Sombra", a referência a Abhidharma, que tanto intrigou Antônio Houaiss e Magalhães Júnior. Ambos tentaram decifrar-lhe o sentido pela etimologia dos seus componentes chegando Houaiss a aventar ser "possível que encerre um cruzamento semântico original de Augusto dos Anjos". Entretanto, esclarece Chen Wing-Tsit nos capítulos "História da filosofia chinesa" e "O espírito da filosofia oriental" de *Filosofia: oriente e ocidente* (org. por Charles A. Moore, trad. de Agenor Soares dos Santos. São Paulo: Cultrix, 1978) que uma das várias escolas do Budismo se chama Abhidharmakosa. Trata-se de uma escola orientada para o realismo lógico e que sustenta a tese de que "tudo existe", em oposição à escola niilista satyasiddhi, para a qual "nem o eu nem os *dharmas* (elementos de vida) são reais". V. *op. cit.*, p. 69.

sexual, servem – pela renúncia a ela e pela prática da contemplação *desinteressada* do mundo, visto que "todo querer se origina da necessidade, portanto da carência, do sofrimento". A influência da filosofia indiana, particularmente dos Upanishades, sobre o pensamento de Schopenhauer, é notória. Não só concebia ele a vida humana como "um episódio inutilmente perturbador na ditosa paz do nada", ou seja, do não querer viver ou "Nirvana dos budistas", como também considerava a individualidade a fonte primeira do sofrimento, pelo que cumpria ao homem livrar-se dela por via contemplativa, perdendo-se "na intuição da natureza a tal ponto de nada ser"; então, "puro sujeito cognoscente" destituído de vontade própria e consequentemente de individualidade, o contemplador recolherá "a natureza em si mesmo" e poderá dizer, como nos Upanishades: "Sou todas as criaturas em conjunto, e fora de mim não há nenhum outro ser". Era na Arte, onde "somente o mundo da representação perdura, o mundo como vontade desapareceu", que Schopenhauer encontrava o modelo da possibilidade de fuga à "torrente infinita do querer", pois nela imperava o gênio, por ele considerado "a capacidade de se comportar apenas intuitivamente, se perder na intuição"[26] através do "esquecimento completo da própria pessoa"; só o gênio artístico conseguia descobrir no objeto real a perfeição da ideia platônica de que ele é réplica imperfeita, donde a tendência do gênio, assim como a do louco seu irmão, de ver "extremos por toda parte".

---

26. Todas as citações de Schopenhauer aqui feitas o são pela tradução de W. L. Maar da III parte de *O mundo como vontade e representação* e dos *Parerga e Paralipomena* incluídos no volume *Schopenhauer*, da série Os Pensadores, São Paulo: Abril Cultural, 1980.

O que é neutra abstração na filosofia de Schopenhauer vai transformar-se em dramática concretude na poesia de Augusto dos Anjos. O paradoxo do contemplador schopenhauriano que, ao anular-se como indivíduo para se dissolver por inteiro na intuição da natureza, está ao mesmo tempo exacerbando a sua individualidade até dar-lhe o tamanho do mundo, ecoa emblematicamente no título do livro, o *Eu* de rubras letras garrafais da primeira edição. Parece ele bem ser o emblema típico de quem, em "Alucinação à Beira-Mar", se reconhecia um "ególatra cético" que enchia os seus poemas do pronome de primeira pessoa e neles se nomeava mais de uma vez, ora como o Augusto simultaneamente hercúleo e humano de "O Mar, a Escada e o Homem", hora como o Augusto evolucionariamente regressivo que rimava com "mamífero vetusto" em "Os Doentes". Não obstante, esse *Eu* egolátrico – de uma egolatria problematizada pela proximidade do objetivo "cético" – reconhecia na sua individualidade o ponto de condensação daquela "dor sem termo" do existir mencionada em *"Caput Immortale"*, razão por que ansiava libertar-se dela a fim de poder ingressar no "aos budistas" do cemitério de "Os Doentes", desencarcerar-se da "forma de homem" para desfrutar a "imortalidade das Ideias" na paz do seu "O meu Nirvana".

 O acesso ao mundo das Ideias ou arquétipos platônicos era tido, por Schopenhauer, como o privilégio do artista capaz de enxergar "extremos por toda parte". Tal gosto dos extremos se traduz, em Augusto dos Anjos, pela dupla visada de mundo em que se compraz na sua poesia. Raríssimas vezes detém-se ele, como o comum dos homens, na aparência das coisas. Prefere antes penetrar-lhes microscopicamente as entranhas para discernir as células ou átomos de que são feitas – ou, mais fundo ainda, os "intramoleculares sóis acesos" que o seu subconsciente entrevê em "Numa Forja" –, quando não ultrapassá-las telescopicamente para abarcar com a sua mirada o cosmo, o universo inteiro. No nível do estilo, essa visão extremada se trai pelo recurso sistemático ao superlativo e à hipérbole. Um e outra arrancam as coisas e os seres de sua normalidade individual para transmudá-los, por intensificação, em modelos, paradigmas ou arquétipos. Assim, para citar um só das centenas de exemplos disponíveis, o "misericordiosíssimo carneiro" cujo esquartejamento o poeta chora em "A um Carneiro Morto" simboliza, por força do superlativo, um Perdão tão completo que, no Dia do Juízo, lograria converter o Deus implacável do segundo advento ou Parusia no, mais uma vez, Deus misericordioso do primeiro advento. De igual modo, uma hipérbole do tipo de "este Infinito que eu trago encerrado em minh'alma", de "Gemidos de Artes", abole as fronteiras entre microcosmo e macrocosmo para dar ao indivíduo a mesma escala do universo. A frequência da hiperbolização nos poemas do *Eu* leva a pensar se não se trataria de uma reminiscência condoreira que tivesse transitado até eles por intermédio da poesia cientificista do Recife. Há, contudo, uma diferença fundamental entre a hipérbole de Castro Alves e a de Augusto dos Anjos. Aquela reflete a visão panorâmica do condor político-social a pairar *acima* da multidão como seu guia, para conduzi-la até a Canaã da ilusão republicana; esta, a visão microscópica de uma subjetividade em crise que, por contração, se coloca, dentro das coisas, quando não a visão telescópica de quem identifica a própria angústia com a angústia do mundo todo.

Resta assinalar que nem a penetração na intimidade das coisas nem a introjeção do infinito correspondiam àquele conhecimento da coisa em si cuja impossibilidade até o haeckelismo admitia, embora descartando-a desdenhosamente como um "fantasma ideal" que só interessava aos "puros metafísicos"[27]. Tal impossibilidade, que, puro metafísico, Schopenhauer tanto enfatizou, também atormenta com frequência o poeta do *Eu*. Na "Viagem de um Vencido", por exemplo, é baldadamente que ele sonda a "intimidade noumenal dos seres" para reconhecer-se enfim "a maior expressão do homem vencido" diante da sombra do "Mistério Eterno". Mas aquilo que a perscrutação filósofica não conseguiu, conseguirá a intuição artística. Pois a arte, ao esculpir a "humana mágoa" ["Monólogo de uma Sombra"], redime-a da morte ["Contra a Arte, oh! Morte, em vão teu ódio exerces", em "Os Doentes"] e faz do verso as "perpétuas grades" nas quais ficarão para sempre se debatendo as saudades da "singularíssima pessoa" do poeta escalpelado em "Budismo Moderno". Mesmo *post mortem*, quando ele já estiver misturado às violetas de que falam "Os Doentes", a sua lira "reviverá, dando emoção à pedra, na acústica de todos os planetas". Então, à semelhança do que acontece com o paradoxal contemplador schopenhaueriano, a abdicação panteísta da individualidade levará o poeta do *Eu* não à anulação de si mesmo mas, contrariamente, a uma "hiperculminação definitiva" do seu "supremo e extraordinário Ser", facultando-lhe, "por antecipação divinatória", projetar-se "muito além da História" para sentir "dos fenômenos o fim". É esse momento epifânico do conhecimento do mundo que está celebrado no "Canto de Onipotência":

---

27. *Op. cit.*, p. 442.

A coisa em si movia-se aos meus brados
E os acontecimentos subjugados
Olhavam como escravos para mim!

O mesmo poeta divinatório e onisciente vai sobreviver inclusive ao Apocalipse no soneto do mesmo nome, onde, ao notar uma "diminuição dinâmica" da "atual força, integérrima, da Massa", prevê o fim das coisas, confirmando assim o caráter ominoso daquela entropia levianamente descartada no século XIX pelo evolucionismo de Haeckel, mas retomada em nosso século pela cibernética de Wiener, o qual sustenta ser "a tendência característica da entropia [...] aumentar", aumento que levará o universo a passar "de um estado de organização e diferenciação, em que existem formas e distinções, a um estado de caos e mesmice"[28]. Tudo isso está dito, com muito maior poder de convicção, no soneto de Augusto do Anjos:

Minha divinatória Arte ultrapassa
Os séculos efêmeros e nota
Diminuição, dinâmica, derrota
Na atual força, integérrima, da Massa.

É a subversão universal que ameaça
A Natureza, e, em noite aziaga e ignota,
Destrói a ebulição que a água alvorota
E põe todos os astros na desgraça!

---

28. WIENER, Norbert. *Cibernética e sociedade*. Trad. de J. P. Paes. São Paulo: Cultrix, 1958. p. 14.

São despedaçamentos, derrubadas,
Federações sidéricas quebradas...
E eu só, o último a ser, pelo orbe adiante,

Espião da cataclísmica surpresa,
A única luz tragicamente acesa
Na universalidade agonizante!

Optei por transcrever na íntegra o soneto porque não sei de fecho mais adequado para um ensaio que se propôs a mostrar o evolucionismo às avessas do *Eu* como o paradoxal vértice de encontro do materialismo otimista de Haeckel com o idealismo pessimista de Schopenhauer, um e outra poeticamente transfigurados numa síntese pessoalíssima cuja originalidade, ontem como hoje, hoje como amanhã, não poderá deixar de surpreender a quantos se debrucem sobre a estranha poesia de Augusto dos Anjos. Mesmo porque a figura do poeta como espião do Apocalipse, nela divinatoriamente proposta, nunca foi mais atual, ainda que por motivos diversos, do que nos dias ominosos que estamos vivendo.

José Paulo Paes

POEMAS

DO EU

MONÓLOGO DE UMA SOMBRA

"Sou uma Sombra! Venho de outras eras,
Do cosmopolitismo das moneras...
Pólipo de recônditas reentrâncias,
Larva de caos telúrico, procedo
Da escuridão do cósmico segredo,
Da substância de todas as substâncias!

A simbiose das coisas me equilibra.
Em minha ignota mônada, ampla, vibra
A alma dos movimentos rotatórios...
E é de mim que decorrem, simultâneas,
A saúde das forças subterrâneas
E a morbidez dos seres ilusórios!

Pairando acima dos mundanos tectos,
Não conheço o acidente da *Senectus*
– Esta universitária sanguessuga
Que produz, sem dispêndio algum de vírus,
O amarelecimento do papirus
E a miséria anatômica da ruga!

Na existência social, possuo uma arma
– O metafisicismo de Abhidharma –
E trago, sem bramânicas tesouras,
Como um dorso de azêmola passiva,
A solidariedade subjetiva
De todas as espécies sofredoras.

Com um pouco de saliva cotidiana
Mostro meu nojo à Natureza Humana.
A podridão me serve de Evangelho...
Amo o esterco, os resíduos ruins dos quiosques
E o animal inferior que urra nos bosques
É com certeza meu irmão mais velho!

Tal qual quem para o próprio túmulo olha,
Amarguradamente se me antolha
À luz do americano plenilúnio,
Na alma crepuscular de minha raça
Como uma vocação para a Desgraça
E um tropismo ancestral para o Infortúnio.

Aí vem sujo, a coçar chagas plebeias,
Trazendo no deserto das ideias
O desespero endêmico do inferno,
Com a cara hirta, tatuada de fuligens
Esse mineiro doido das origens,
Que se chama o Filósofo Moderno!

Quis compreender, quebrando estéreis normas,
A vida fenomênica das Formas,
Que, iguais a fogos passageiros, luzem...
E apenas encontrou na ideia gasta
O horror dessa mecânica nefasta,
A que todas as coisas se reduzem!

E hão de achá-lo, amanhã, bestas agrestes,
Sobre a esteira sarcófaga das pestes
A mostrar, já nos últimos momentos,
Como quem se submete a uma charqueada,
Ao clarão tropical da luz danada,
O espólio dos seus dedos peçonhentos.

Tal a finalidade dos estames!
Mas ele viverá, rotos os liames
Dessa estranguladora lei que aperta
Todos os agregados perecíveis,
Nas eterizações indefiníveis
Da energia intra-atômica liberta!

Será calor, causa ubíqua de gozo,
Raio X, magnetismo misterioso,
Quimiotaxia, ondulação aérea,
Fonte de repulsões e de prazeres,
Sonoridade, potencial dos seres,
Estrangulada dentro da matéria!

E o que ele foi: clavículas, abdômen,
O coração, a boca, em síntese, o Homem,
– Engrenagem de vísceras vulgares –
Os dedos carregados de peçonha,
Tudo coube na lógica medonha
Dos apodrecimentos musculares!

A desarrumação dos intestinos
Assombra! Vede-a! Os vermes assassinos
Dentro daquela massa que o húmus come,
Numa glutoneria hedionda, brincam
Como as cadelas que as dentuças trincam
No espasmo fisiológico da fome.

É uma trágica festa emocionante!
A bacteriologia inventariante
Toma conta do corpo que apodrece...
E até os membros da família engulham,
Vendo as larvas malignas que se embrulham
No cadáver malsão, fazendo um s.

E foi então para isto que esse doudo
Estragou o vibrátil plasma todo,
À guisa de um faquir, pelos cenóbios?!...
Num suicídio graduado, consumir-se,
E após tantas vigílias, reduzir-se
À herança miserável de micróbios!

Estoutro agora é o sátiro peralta
Que o sensualismo sodomista exalta,
Nutrindo sua infâmia a leite e a trigo...
Como que, em suas células vilíssimas,
Há estratificações requintadíssimas
De uma animalidade sem castigo.

Brancas bacantes bêbedas o beijam.
Suas artérias hírcicas latejam,
Sentindo o odor das carnações abstêmias,
E à noite, vai gozar, ébrio de vício,
No sombrio bazar do meretrício,
O cuspo afrodisíaco das fêmeas.

No horror de sua anômala nevrose,
Toda a sensualidade da simbiose,
Uivando, à noite, em lúbricos arroubos
Como no babilônico *sansara*,
Lembra a fome incoercível que escancara
A mucosa carnívora dos lobos.

Sôfrego, o monstro as vítimas aguarda.
Negra paixão congênita, bastarda,
Do seu zooplasma ofídico resulta...
E explode, igual à luz que o ar acomete
Com a veemência mavórtica do aríete
E os arremessos de uma catapulta.

Mas muitas vezes, quando a noite avança,
Hirto, observa através a tênue trança
Dos filamentos fluídicos de um halo
A destra descarnada de um duende,
Que, tacteando nas tênebras, se estende
Dentro da noite má, para agarrá-lo!

Cresce-lhe a intracefálica tortura.
E de su'alma na caverna escura,
Fazendo ultraepilépticos esforços,
Acorda, com os candieiros apagados,
Numa coreografia de danados,
A família alarmada dos remorsos.

É o despertar de um povo subterrâneo!
É a fauna cavernícola do crânio
– Macbeths da patológica vigília,
Mostrando, em rembrandtescas telas várias,
As incestuosidades sanguinárias
Que ele tem praticado na família.

As alucinações tácteis pululam.
Sente que magatérios o estrangulam...
A asa negra das moscas o horroriza;
E autopsiando a amaríssima existência
Encontra um cancro assíduo na consciência
E três manchas de sangue na camisa!

Míngua-se o combustível da lanterna
E a consciência do sátiro se inferna,
Reconhecendo, bêbedo de sono,
Na própria ânsia dionísica do gozo,
Essa necessidade de *horroroso*,
Que é talvez propriedade do carbono!

Ah! Dentro de toda a alma existe a prova
De que a dor como um dartro se renova,
Quando o prazer barbaramente a ataca...
Assim também, observa a ciência crua,
Dentro da elipse ignívoma da lua
A realidade de uma esfera opaca.

Somente a Arte, esculpindo a humana mágoa,
Abranda as rochas rígidas, torna água
Todo o fogo telúrico profundo
E reduz, sem que, entanto, a desintegre,
À condição de uma planície alegre,
A aspereza orográfica do mundo!

Provo desta maneira ao mundo odiento
Pelas grandes razões do sentimento,
Sem os métodos da abstrusa ciência fria
E os trovões grita dores da dialética,
Que a mais alta expressão da dor estética
Consiste essencialmente na alegria.

Continua o martírio das criaturas:
– O homicídio nas vielas mais escuras,
– O ferido que a hostil gleba atra escarva,
– O último solilóquio dos suicidas –
E eu sinto a dor de todas essas vidas
Em minha vida anônima de larva!"

Disse isto a Sombra. E, ouvindo estes vocábulos,
Da luz da lua aos pálidos venábulos,
Na ânsia de um nervosíssimo entusiasmo,
Julgava ouvir monótonas corujas,
Executando, entre caveiras sujas,
A orquestra arrepiadora do sarcasmo!

Era a elegia panteísta do Universo,
Na podridão do sangue humano imerso,
Prostituído talvez, em suas bases...
Era a canção da Natureza exausta,
Chorando e rindo na ironia infausta
Da incoerência infernal daquelas frases.

E o turbilhão de tais fonemas acres
Trovejando grandíloquos massacres,
Há-de ferir-me as auditivas portas,
Até que minha efêmera cabeça
Reverta à quietação da treva espessa
E à palidez das fotosferas mortas!

AGONIA DE UM FILÓSOFO

Consulto o Phtah-Hotep. Leio o obsoleto
Rig-Veda. E, ante obras, tais, me não consolo...
O Inconsciente me assombra e eu nele rolo
Com a eólica fúria do harmatã inquieto!

Assisto agora à morte de um inseto!...
Ah! todos os fenômenos do solo
Parecem realizar de polo a polo
O ideal de Anaximandro de Mileto!

No hierático areópago heterogêneo
Das ideias, percorro como um gênio
Desde a alma de Haeckel à alma cenobial!...

Rasgo dos mundos o velário espesso;
E em tudo, igual a Goethe, reconheço
O império da *substância universal*!

O MORCEGO

Meia-noite. Ao meu quarto me recolho.
Meu Deus! E este morcego! E, agora, vede:
Na bruta ardência orgânica da sede,
Morde-me a goela ígneo e escaldante molho.

"Vou mandar levantar outra parede..."
– Digo. Ergo-me a tremer. Fecho o ferrolho
E olho o tecto. E vejo-o ainda, igual a um olho,
Circularmente sobre a minha rede!

Pego de um pau. Esforço faço. Chego
A tocá-lo. Minh'alma se concentra.
Que ventre produziu tão feio parto?!

A Consciência Humana é este morcego!
Por mais que a gente faça, à noite, ele entra
Imperceptivelmente em nosso quarto!

PSICOLOGIA DE UM VENCIDO

Eu, filho do carbono e do amoníaco,
Monstro de escuridão e rutilância,
Sofro, desde a epigênese da infância,
A influência má dos signos do zodíaco.

Profundissimamente hipocondríaco,
Este ambiente me causa repugnâcia...
Sobe-me à boca uma ânsia análoga à ânsia
Que se escapa da boca de um cardíaco.

Já o verme – este operário das ruínas –
Que o sangue podre das carnificinas
Come, e à vida em geral declara guerra,

Anda a espreitar meus olhos para roê-los,
E há de deixar-me apenas os cabelos,
Na frialdade inorgânica da terra!

A IDEIA

De onde ela vem?! De que matéria bruta
Vem essa luz que sobre as nebulosas
Cai de incógnitas criptas misteriosas
Como as estalactites duma gruta?!

Vem da psicogenética e alta luta
Do feixe de moléculas nervosas,
Que, em desintegrações maravilhosas,
Delibera, e depois, quer e executa!

Vem do encéfalo absconso que a constringe,
Chega em seguida às cordas do laringe,
Tísica, tênue, mínima, raquítica...

Quebra a força centrípeta que a amarra
Mas, de repente, e quase morta, esbarra
No molambo da língua paralítica!

SONETO

*Ao meu primeiro filho nascido
morto com 7 meses incompletos.
2 Fevereiro 1911.*

Agregado infeliz de sangue e cal,
Fruto rubro de carne agonizante,
Filho da grande força fecundante
De minha brônzea trama neuronial,

Que poder embriológico fatal
Destruiu, com a sinergia de um gigante,
Em tua *morfogênese* de infante
A minha *morfogênese* ancestral?

Porção de minha plásmica substância,
Em que lugar irás passar a infância,
Tragicamente anônimo, a feder?!...

Ah! Possas tu dormir, feto esquecido,
Panteisticamente dissolvido
Na *noumenalidade* do NÃO SER!

VERSOS A UM CÃO

Que força pôde, adstrita a embriões informes,
Tua garganta estúpida arrancar
Do segredo da célula ovular
Para latir nas solidões enormes?!

Esta obnóxia inconsciência, em que tu dormes,
Suficientíssima é, para provar
A incógnita alma, avoenga e elementar
Dos teus antepassados vermiformes.

Cão! – Alma de inferior rapsodo errante!
Resigna-a, ampara-a, arrima-a, afaga-a, acode-a
A escala dos latidos ancestrais...

E irás assim, pelos séculos, adiante,
Latindo a esquisitíssima prosódia
Da angústia hereditária dos teus pais!

O DEUS-VERME

Factor universal do transformismo,
Filho da teleológica matéria,
Na superabudância ou na miséria,
Verme – é o seu nome obscuro de batismo.

Jamais emprega o acérrimo exorcismo
Em sua diária ocupação funérea,
E vive em contubérnio com a bactéria,
Livre das roupas do antropomorfismo.

Almoça a podridão das drupas agras,
Janta hidrópicos, rói vísceras magras
E dos defuntos novos incha a mão...

Ah! Para ele é que a carne podre fica,
E no inventário da matéria rica
Cabe aos seus filhos a maior porção!

DEBAIXO DO TAMARINDO

No tempo de meu Pai, sob estes galhos,
Como uma vela fúnebre de cera,
Chorei bilhões de vezes com a canseira
De inexorabilíssimos trabalhos!

Hoje, esta árvore, de amplos agasalhos,
Guarda, como uma caixa derradeira,
O passado da Flora Brasileira
E a paleontologia dos Carvalhos!

Quando pararem todos os relógios
De minha vida, e a voz dos necrológios
Gritar nos noticiários que eu morri,

Voltando à pátria da homogeneidade,
Abraçada com a própria Eternidade
A minha sombra há de ficar aqui!

AS CISMAS DO DESTINO

I

Recife. Ponte Buarque de Macedo.
Eu, indo em direção à casa do Agra,
Assombrado com a minha sombra magra,
Pensava no Destino, e tinha medo!

Na austera abóbada alta o fósforo alvo
Das estrelas luzia... O calçamento
Sáxeo, de asfalto rijo, atro e vidrento,
Copiava a polidez de um crânio calvo.

Lembro-me bem. A ponte era comprida,
E a minha sombra enorme enchia a ponte,
Como uma pele de rinoceronte
Estendida por toda a minha vida!

A noite fecundava o ovo dos vícios
Animais. Do carvão da treva imensa
Caía um ar danado geral de doença
Sobre a cara geral dos edifícios!

Tal uma horda feroz de cães famintos,
Atravessando uma estação deserta,
Uivava dentro do *eu*, com a boca aberta,
A matilha espantada dos instintos!

Era como se, na alma da cidade,
Profundamente lúbrica e revolta,
Mostrando as carnes, uma besta solta
Soltasse o berro da animalidade.

E aprofundando o raciocínio obscuro,
Eu vi, então, à luz de áureos reflexos,
O trabalho genésico dos sexos,
Fazendo à noite os homens do Futuro.

Livres de microscópicos escalpelos,
Dançavam, parodiando saraus cínicos,
Bilhões de *centrossomas* apolínicos
Na câmara promíscua do *vitellus*.

Mas, a irritar-me os globos oculares,
Apregoando e alardeando a cor nojenta,
Fetos magros, ainda na placenta,
Estendiam-me as mãos rudimentares!

Mostravam-me o apriorismo incognoscível
Dessa fatalidade igualitária,
Que fez minha família originária
Do antro daquela fábrica terrível!

A corrente atmosférica mais forte
Zunia. E, na ígnea crosta do Cruzeiro,
Julgava eu ver o fúnebre candieiro
Que há de me alumiar na hora da morte.

Ninguém compreendia o meu soluço,
Nem mesmo Deus! Da roupa pelas brechas,
O vento bravo me atirava flechas
E aplicações hiemais de gelo russo.

A vingança dos mundos astronômicos
Enviava à terra extraordinária faca,
Posta em rija adesão de goma laca
Sobre os meus elementos anatômicos.

Ah! Com certeza, Deus me castigava!
Por toda a parte, como um réu confesso,
Havia um juiz que lia o meu processo
E uma forca especial que me esperava!

Mas o vento cessara por instantes
Ou, pelo menos, o *ignis sapiens* do Orco
Abafava-me o peito arqueado e porco
Num núcleo de substâncias abrasantes.

É bem possível que eu um dia cegue.
No ardor desta letal tórrida zona,
A cor do sangue é a cor que me impressiona
E a que mais neste mundo me persegue!

Essa obsessão cromática me abate.
Não sei por que me vêm sempre à lembrança
O estômago esfaqueado de uma criança
E um pedaço de víscera escarlate.

Quisera qualquer coisa provisória
Que a minha cerebral caverna entrasse,
E até ao fim, cortasse e recortasse
A faculdade aziaga da memória.

A ascensão barométrica da calma,
Eu bem sabia, ansiado e contrafeito,
Que uma população doente do peito
Tossia sem remédio na minh'alma!

E o cuspo que essa hereditária tosse
Golfava, à guisa de ácido resíduo,
Não era o cuspo só de um indivíduo
Minado pela tísica precoce.

Não! Não era o meu cuspo, com certeza
Era a expectoração pútrida e crassa
Dos brônquios pulmonares de uma raça
Que violou as leis da Natureza!

Era antes uma tosse ubíqua, estranha,
Igual ao ruído de um calhau redondo
Arremessado no apogeu do estrondo,
Pelos fundibulários da montanha!

E a saliva daqueles infelizes
Inchava, em minha boca, de tal arte,
Que eu, para não cuspir por toda a parte,
Ia engolindo, aos poucos, a hemoptísis!

Na alta alucinação de minhas cismas,
O microcosmo líquido da gota
Tinha a abundância de uma artéria rota,
Arrebentada pelos aneurismas.

Chegou-me o estado máximo da mágoa!
Duas, três, quatro, cinco, seis e sete
Vezes que eu me furei com um canivete,
A hemoglobina vinha cheia de água!

Cuspo, cujas caudais meus beiços regam,
Sob a forma de mínimas camândulas,
Benditas sejam todas essas glândulas,
Que, cotidianamente, te segregam!

Escarrar de um abismo noutro abismo,
Mandando ao Céu o fumo de um cigarro,
Há mais filosofia neste escarro
Do que em toda a moral do cristianismo!

Porque, se no orbe oval que os meus pés tocam
Eu não deixasse o meu cuspo carrasco,
Jamais exprimiria o acérrimo asco
Que os canalhas do mundo me provocam!

II

Foi no horror dessa noute tão funérea
Que eu descobri, maior talvez que Vinci,
Com a força visualística do lince,
A falta de unidade na matéria!

Os esqueletos desarticulados,
Livres do acre fedor das carnes mortas,
Rodopiavam, com as brancas tíbias tortas,
Numa dança de números quebrados!

Todas as divindades malfazejas,
Siva e Arimã, os duentes, o Yn e os trasgos
Imitando o barulho dos engasgos,
Davam pancadas no adro das igrejas.

Nessa hora de monólogos sublimes,
A companhia dos ladrões da noite,
Buscando uma taverna que os acoite,
Vai pela escuridão pensando crimes.

Perpetravam-se os atos mais funestos,
E o luar, da cor de um doente de icterícia,
Iluminava, a rir, sem pudicícia,
A camisa vermelha dos incestos.

Ninguém, de certo, estava ali, a espiar-me,
Mas um lampião lembrava, ante o meu rosto,
Um sugestionador olho, ali posto
De propósito, para hipnotizar-me!

Em tudo, então, meus olhos distinguiram
Da miniatura singular de uma aspa,
À anatomia mínima da caspa
Embriões de mundos que não progrediram!

Pois quem não vê aí, em qualquer rua,
Com a fina nitidez de um claro jorro,
Na paciência budista do cachorro
A alma embrionária que não continua?!

Ser cachorro! Ganir incompreendidos
Verbos! Querer dizer-nos que não finge,
E a palavra embrulhar-se na laringe,
Escapando-se apenas em latidos!

Despir a putrescível forma tosca,
Na atra dissolução que tudo inverte,
Deixar cair sobre a barriga inerte
O apetite necrófago da mosca!

A alma dos animais! Pego-a, distingo-a,
Acho-a nesse interior duelo secreto
Entre a ânsia de um vocábulo completo
E uma expressão que não chegou à língua!

Surpreendo-a em quatrilhões de corpos vivos,
Nos antiperistálticos abalos
Que produzem nos bois e nos cavalos
A contração dos gritos instintivos!

Tempo viria, em que, daquele horrendo
Caos de corpos orgânicos disformes
Rebentariam cérebros enormes,
Como bolhas febris de água, fervendo!

Nessa época que os sábios não ensinam,
A pedra dura, os montes argilosos
Criariam feixes de cordões nervosos
E o neuroplasma dos que raciocinam!

Almas pigmeias! Deus subjuga-as, cinge-as
À imperfeição! Mas vem o Tempo, e vence-O,
E o meu sonho crescia no silêncio,
Maior que as epopeias carolíngias!

Era a revolta trágica dos tipos
Ontogênicos mais elementares,
Desde os foraminíferos dos mares
À grei liliputiana dos pólipos.

Todos os personagens da tragédia,
Cansados de viver na paz de Buda,
Pareciam pedir com a boca muda
A ganglionária célula intermédia.

A planta que a canícula ígnea torra,
E as coisas inorgânicas mais nulas
Apregoavam encéfalos, medulas
Na alegria guerreira da desforra!

Os protistas e o obscuro acervo rijo
Dos espongiários e dos infusórios
Recebiam com os seus órgãos sensórios
O triunfo emocional do regozijo!

E apesar de já ser assim tão tarde,
Aquela humanidade parasita,
Como um bicho inferior, berrava, aflita,
No meu temperamento de covarde!

Mas, refletindo, a sós, sobre o meu caso,
Vi que, igual a um amniota subterrâneo,
Jazia atravessada no meu crânio
A intercessão fatídica do atraso!

A hipótese genial do *microzima*
Me estrangulava o pensamento guapo,
E eu me encolhia todo como um sapo
Que tem um peso incômodo por cima!

Nas agonias do *delirium tremens*,
Os bêbedos alvares que me olhavam,
Com os copos cheios esterilizavam
A substância prolífica dos sêmens!

Enterravam as mãos dentro das goelas,
E sacudidos de um tremor indômito
Expeliam, na dor forte do vômito,
Um conjunto de gosmas amarelas.

Iam depois dormir nos lupanares
Onde, na glória da concupiscência,
Depositavam quase sem consciência
As derradeiras forças musculares.

Fabricavam destarte os blastodermas,
Em cujo repugnante receptáculo
Minha perscrutação via o espectáculo
De uma progênie idiota de palermas.

Prostituição ou outro qualquer nome,
Por tua causa, embora o homem te aceite,
É que as mulheres ruins ficam sem leite
E os meninos sem pai morrem de fome!

Por que há de haver aqui tantos enterros?!
Lá no "Engenho" também, a morte é ingrata...
Há o malvado carbúnculo que mata
A sociedade infante dos bezerros!

Quantas moças que o túmulo reclama!
E após a podridão de tantas moças,
Os porcos esponjando-se nas poças
Da virgindade reduzida à lama!

Morte, ponto final da última cena,
Forma difusa da matéria imbele,
Minha filosofia te repele,
Meu raciocínio enorme te condena!

Diante de ti, nas catedrais mais ricas,
Rolam sem eficácia os amuletos
Oh! Senhora dos nossos esqueletos
E das caveiras diárias que fabricas!

E eu desejava ter, numa ânsia rara,
Ao pensar nas pessoas que perdera,
A inconsciência das máscaras de cera
Que a gente prega, com um cordão, na cara!

Era um sonho ladrão de submergir-me
Na vida universal, e, em tudo imerso,
Fazer da parte abstrata do Universo,
Minha morada equilibrada e firme!

Nisto, pior que o remorso do assassino,
Reboou, tal qual, num fundo de caverna,
Numa impressionadora voz interna,
O eco particular do meu Destino:

III

"Homem! por mais que a Ideia desintegres,
Nessas perquisições que não têm pausa,
Jamais, magro homem, saberás a causa
De todos os fenômenos alegres!

Em vão, com a bronca enxada árdega, sondas
A estéril terra, e a hialina lâmpada oca,
Trazes, por perscrutar (oh! ciência louca!)
O conteúdo das lágrimas hediondas.

Negro e sem fim é esse em que te mergulhas
Lugar do Cosmos, onde a dor infrene
É feita como é feito o querosene
Nos recôncavos úmidos das hulhas!

Porque, para que a Dor perscrutes, fora
Mister que, não como és, em síntese, antes
Fosses, a refletir teus semelhantes,
A própria humanidade sofredora!

A universal complexidade é que Ela
Compreende. E se, por vezes, se divide,
Mesmo assim, seu todo não reside
No quociente isolado da parcela!

Ah! Como o ar imortal a Dor não finda!
Das papilas nervosas que há nos tactos
Veio e vai desde os tempos mais transactos
Para outros tempos que hão de vir ainda!

Como o machucamento das insônias
Te estraga, quando a estuada Ideia
Dás ao sôfrego estudo da ninfeia
E de outras plantas dicotiledôneas!

A diáfana água alvíssima e a hórrida áscua
Que da ígnea flama bruta, estriada, espirra;
A formação molecular da mirra,
O cordeiro simbólico da Páscoa;

As rebeladas cóleras que rugem
No homem civilizado e a ele se prendem
Como às pulseiras que os mascates vendem
A aderência teimosa da ferrugem;

O orbe feraz que bastos tojos acres
Produz; a rebelião que, na batalha
Deixa os homens deitados, sem mortalha,
Na sangueira concreta dos massacres;

Os sanguinolentíssimos chicotes
Da hemorragia; as nódoas mais espessas,
O achatamento ignóbil das cabeças,
Que ainda degrada os povos hotentotes;

O Amor e a Fome, a fera ultriz que o fojo
Entra, à espera que a mansa vítima o entre,
– Tudo que gera no materno ventre
A causa fisiológica do nojo;

As pálpebras inchadas na vigília,
As aves moças que perderam a asa,
O fogão apagado de uma casa,
Onde morreu o chefe da família;

O trem particular que um corpo arrasta
Sinistramente pela via férrea,
A cristalização da massa térrea
O tecido da roupa que se gasta;

A água arbitrária que hiulcos caules grossos
Carrega e come; as negras formas feias
Dos aracnídeos e das centopeias,
O fogo-fátuo que ilumina os ossos;

As projeções flamívomas que ofuscam,
Como uma pincelada rembrandtesca,
A sensação que uma coalhada fresca
Transmite às mãos nervosas dos que a buscam;

O antagonismo de Tifon e Osíris,
O homem grande oprimindo o homem pequeno,
A lua falsa de um parasseleno,
A mentira astronômica do arco-íris;

Os terremotos que, abalando os solos,
Lembram paióis de pólvora explodindo,
A rotação dos fluidos produzindo
A depressão geológica dos polos;

O instinto de procriar, a ânsia legítima
Da alma, afrontando ovante aziagos riscos,
O juramento dos guerreiros priscos
Metendo as mãos nas glândulas da vítima;

As diferenciações que o psicoplasma
Humano sofre na mania mística,
A pesada opressão característica
Dos 10 minutos de um acesso de asma;

E, (conquanto contra isto ódios regougues)
A utilidade fúnebre da corda
Que arrasta a rês, depois que a rês engorda,
À morte desgraçada dos açougues...

Tudo isto que o terráqueo abismo encerra
Forma a complicação desse barulho
Travado entre o dragão do humano orgulho
E as forças inorgânicas da terra!

Por descobrir tudo isto, embalde cansas!
Ignoto é o gérmen dessa força ativa
Que engendra, em cada célula passiva,
A heterogeneidade das mudanças!

Poeta, feto malsão, criado com os sucos
De um leite mau, carnívoro asqueroso
Gerado no atavismo monstruoso
Da alma desordenada dos malucos;

Última das criaturas inferiores
Governada por átomos mesquinhos,
Teu pé mata a uberdade dos caminhos
E esteriliza os ventres geradores!

O áspero mal que a tudo, em torno, trazes,
Análogo é ao que, negro e a seu turno
Traz o ávido filóstomo noturno
Ao sangue dos mamíferos vorazes!

Ah! Por mais que, com o espírito, trabalhes
A perfeição dos seres existentes,
Hás de mostrar a cárie dos teus dentes
Na anatomia horrenda dos detalhes!

O Espaço – esta abstração spenceriana
Que abrange as relações de coexistência
É só! Não tem nenhuma dependência
Com as vértebras mortais da espécie humana!

As radiantes elipses que as estrelas
Traçam, e ao espectador falsas se antolham
São verdades de luz que os homens olham
Sem poder, no entretanto, compreendê-las.

Em vão, com a mão corrupta, outro éter pedes
Que essa mão, de esqueléticas falanges,
Dentro dessa água que com a vista abranges
Também prova o princípio de Arquimedes!

A fadiga feroz que te esbordoa
Há de deixar-te essa medonha marca,
Que, nos corpos inchados de anasarca,
Deixam os dedos de qualquer pessoa!

Nem terás no trabalho que tiveste
A misericordiosa toalha amiga,
Que afaga os homens doentes de bexiga
E enxuga, à noite, as pústulas da peste!

Quando chegar depois a hora tranquila,
Tu serás arrastado, na carreira,
Como um cepo inconsciente de madeira
Na evolução orgânica da argila!

Um dia comparado com um milênio
Seja, pois, o teu último Evangelho...
É a evolução do novo para o velho
E do homogêneo para o heterogêneo!

Adeus! Fica-te aí, com o abdômen largo
A apodrecer!... És poeira, e embalde vibras!
O corvo que comer as tuas fibras
Há de achar nelas um sabor amargo!"

IV

Calou-se a voz. A noite era funesta,
E os queixos, a exibir trismos danados,
Eu puxava os cabelos desgrenhados
Como o rei Lear, no meio da floresta!

Maldizia, com apóstrofes veementes,
No estentor de mil línguas insurrectas,
O convencionalismo das Pandectas
E os textos maus dos códigos recentes!

Minha imaginação atormentada
Paria absurdos... Como diabos juntos,
Perseguiam-me os olhos dos defuntos
Com a carne da esclerótica esverdeada.

Secara a clorofila das lavouras.
Igual aos sustenidos de uma endeixa
Vinha-me às cordas glóticas a queixa
Das coletividades sofredoras.

O mundo resignava-se invertido
Nas forças principais do seu trabalho...
A gravidade era um princípio falho,
A análise espectral tinha mentido!

O Estado, a Associação, os Municípios
Eram mortos. De todo aquele mundo
Restava um mecanismo moribundo
E uma teleologia sem princípios.

Eu queria correr, ir para o inferno,
Para que, da psique no oculto jogo,
Morressem sufocadas pelo fogo
Todas as impressões do mundo externo!

Mas a Terra negava-me o equilíbrio...
Na Natureza, uma mulher de luto
Cantava, espiando as árvores em fruto,
A canção prostituta do ludíbrio!

BUDISMO MODERNO

Tome, Dr., esta tesoura, e... corte
Minha singularíssima pessoa.
Que importa a mim que a bicharia roa
Todo o meu coração, depois da morte?!

Ah! Um urubu pousou na minha sorte!
Também, das diatomáceas da lagoa
A criptógama cápsula se esbroa
Ao contato de bronca destra forte!

Dissolva-se, portanto, minha vida
Igualmente a uma célula caída
Na aberração de um óvulo infecundo;

Mas o agregado abstrato das saudades
Fique batendo nas perpétuas grades
Do último verso que eu fizer no mundo!

SONHO DE UM MONISTA

Eu e o esqueleto esquálido de Ésquilo
Viajávamos, com uma ânsia sibarita,
Por toda a pró-dinâmica infinita,
Na inconsciência de um zoófito tranquilo.

A verdade espantosa do *Protilo*.
Me aterrava, mas dentro da alma aflita
Via Deus – essa mônada esquisita –
Coordenando e animando tudo aquilo!

E eu bendizia, com o esqueleto ao lado,
Na guturalidade do meu brado,
Alheio ao velho cálculo dos dias,

Como um pagão no altar de Proserpina,
A energia intracósmica divina
Que é o pai e é a mãe das outras energias!

SOLITÁRIO

Como um fantasma que se refugia
Na solidão da natureza morta,
Por trás dos ermos túmulos, um dia,
Eu fui refugiar-me à tua porta!

Fazia frio e o frio que fazia
Não era esse que a carne nos conforta.
Cortava assim como em carniçaria
O aço das facas incisivas corta!

Mas tu não vieste ver minha Desgraça!
E eu saí, como quem tudo repele,
– Velho caixão a carregar destroços –

Levando apenas na tumbal carcaça
O pergaminho singular da pele
E o chocalho fatídico dos ossos!

MATER ORIGINALIS

Forma vermicular desconhecida
Que estacionaste, mísera e mofina,
Como quase impalpável gelatina,
Nos estados prodrômicos da vida;

O hierofante que leu a minha sina
Ignorante é de que és, talvez, nascida
Dessa homogeneidade indefinida
Que o insigne Herbert Spencer nos ensina.

Nenhuma ignota união ou nenhum nexo
À contingência orgânica do sexo
A tua estacionária alma prendeu...

Ah! De ti foi que, autônoma e sem normas,
Oh! Mãe original das outras formas,
A minha forma lúgubre nasceu!

IDEALISMO

Falas de amor, e eu ouço tudo e calo!
O amor na Humanidade é uma mentira.
É. E é por isto que na minha lira
De amores fúteis poucas vezes falo.

O amor! Quando virei por fim a amá-lo?!
Quando, se o amor que a Humanidade inspira
É o amor do sibarita e da hetaíra,
De Messalina e de Sardanapalo?!

Pois é mister que, para o amor sagrado,
O mundo fique imaterializado
– Alavanca desviada do seu fulcro –

E haja só amizade verdadeira
Duma caveira para outra caveira,
Do meu sepulcro para o teu sepulcro?!

ÚLTIMO CREDO

Como ama o homem adúltero o adultério
E o ébro a garrafa tóxica de rum,
Amo o coveiro – esse ladrão comum
Que arrasta a gente para o cemitério!

É o transcendentalíssimo mistério!
É o *nous*, é o *pneuma*, é o *ega sum qui sum*,
É a morte, é esse danado número *Um*
Que matou Cristo e que matou Tibério!

Creio, como o filósofo mais crente,
Na generalidade decrescente
Com que a substância cósmica evolui...

Creio, perante a evolução imensa,
Que o homem universal de amanhã vença
O homem particular eu que ontem fui!

O CAIXÃO FANTÁSTICO

Célere ia o caixão, e, nele, inclusas,
Cinzas, caixas cranianas, cartilagens
Oriundas, como os sonhos dos selvagens,
De aberratórias abstrações abstrusas!

Nesse caixão iam talvez as Musas,
Talvez meu Pai! Hoffmânnicas visagens
Enchiam meu encéfalo de imagens
As mais contraditórias e confusas!

A energia monística do Mundo,
À meia-noite, penetrava fundo
No meu fenomenal cérebro cheio...

Era tarde! Fazia muito frio.
Na rua apenas o caixão sombrio
Ia continuando o seu passeio!

A UM CARNEIRO MORTO

Misericordiosíssimo carneiro
Esquartejado, a maldição de Pio
Décimo caia em teu algoz sombrio
E em todo aquele que for seu herdeiro!

Maldito seja o mercador vadio
Que te vender as carnes por dinheiro,
Pois, tua lã aquece o mundo inteiro
E guardas as carnes dos que estão com frio!

Quando a faca rangeu no teu pescoço,
Ao monstro que espremeu teu sangue grosso
Teus olhos – fontes de perdão – perdoaram!

Oh! tu que no Perdão eu simbolizo,
Se fosses Deus, no Dia de Juízo,
Talvez perdoasses os que te mataram!

VOZES DA MORTE

Agora, sim! Vamos morrer, reunidos,
Tamarindo de minha desventura,
Tu, com o envelhecimento da nervura,
Eu, com o envelhecimento dos tecidos!

Ah! Esta noite é a noite dos Vencidos!
E a podridão, meu velho! E essa futura
Ultrafatalidade de ossatura,
A que nos acharemos reduzidos!

Não morrerão, porém, tuas sementes!
E assim, para o Futuro, em diferentes
Florestas, vales, selvas, glebas, trilhos,

Na multiplicidade dos teus ramos,
Pelo muito que em vida nos amamos,
Depois da morte, inda teremos filhos!

OS DOENTES

I

Como uma cascavel que se enroscava,
A cidade dos lázaros dormia...
Somente, na metrópole vazia,
Minha cabeça autônoma pensava!

Mordia-me a obsessão má de que havia,
Sob os meus pés, na terra onde eu pisava,
Um fígado doente que sangrava
E uma garganta de órfã que gemia!

Tentava compreender com as conceptivas
Funções do encéfalo as substâncias vivas
Que nem Spencer, nem Haeckel compreenderam...

E via em mim, coberto de desgraças,
O resultado de bilhões de raças
Que há muitos anos desapareceram!

II

Minha angústia feroz não tinha nome.
Ali, na urbe natal do Desconsolo,
Eu tinha de comer o último bolo
Que Deus fazia para a minha fome!

Convulso, o vento entoava um pseudossalmo.
Contrastando, entretanto, com o ar convulso
A noite funcionava como um pulso
Fisiologicamente muito calmo.

Caíam sobre os meus centros nervosos,
Como os pingos ardentes de cem velas,
O uivo desenganado das cadelas
E o gemido dos homens bexigosos.

Pensava! E em que eu pensava, não perguntes!
Mas, em cima de um túmulo, um cachorro
Pedia para mim água e socorro
À comiseração dos transeuntes!

Bruto, de errante rio, alto e hórrido, o urro
Reboava. Além jazia aos pés da serra,
Criando as superstições de minha terra,
A queixada específica de um burro!

Gordo adubo da agreste urtiga brava,
Benigna água, magnânima e magnífica,
Em cuja álgida unção, branda e beatífica
A Paraíba indígena se lava!

A manga, a ameixa, a amêndoa, a abóbora, o álamo,
E a câmara odorífera dos sumos
Absorvem diariamente o ubérrimo húmus
Que Deus espalha à beira do teu tálamo!

Nos de teu curso desobstruídos trilhos,
Apenas eu compreendo, em quaisquer horas,
O hidrogênio e o oxigênio que tu choras
Pelo falecimento dos teus filhos!

Ah! Somente eu compreendo, satisfeito,
A incógnita psique das massas mortas
Que dormem, como as ervas, sobre as hortas,
Na esteira igualitária do teu leito!

O vento continuava sem cansaço
E enchia com a fluidez do eólico hissope
Em seu fantasmagórico galope
A abundância geométrica do espaço.

Meu ser estacionava, olhando os campos
Circunjacentes. No Alto, os astros miúdos
Reduziam os Céus sérios e rudos
A uma epiderme cheia de sarampos!

III

Dormia embaixo, com a promíscua véstia
No embotamento crasso dos sentidos,
A comunhão dos homens reunidos
Pela camaradagem da moléstia.

Feriam-se o nervo ótico e a retina
Aponevroses e tendões de Aquiles,
Restos repugnantíssimos de bílis,
Vômitos impregnados de ptialina.

Da degenerescência étnica do Ária,
Se escapava, entre estrépitos e estouros,
Reboando pelos séculos vindouros,
O ruído de uma tosse hereditária.

Oh! desespero das pessoas tísicas,
Adivinhando o frio que há nas lousas,
Maior felicidade é a destas cousas
Submetidas apenas às leis físicas!

Estas, por mais que os cardos grandes rocem
Seus corpos brutos, dores não recebem;
Estas dos bacalhaus o óleo não bebem
Estas não cospem sangue, estas não tossem!

Descender dos macacos catarríneos,
Cair doente e passar a vida inteira
Com a boca junto de uma escarradeira,
Pintando o chão de coágulos sanguíneos!

Sentir, adstritos ao quimiotropismo
Erótico, os micróbios assanhados
Passearem, como inúmeros soldados
Nas cancerosidades do organismo!

Falar somente uma linguagem rouca,
Um português cansado e incompreensível,
Vomitar o pulmão na noite horrível
Em que se deita sangue pela boca!

Expulsar, aos bocados, a existência
Numa bacia autômata de barro,
Alucinado, vendo em cada escarro
O retrato da própria consciência!

Querer dizer a angústia de que é pábulo,
E com a respiração já muito fraca
Sentir como que a ponta de uma faca,
Cortando as raízes do último vocábulo!

Não haver terapêutica que arranque
Tanta opressão como se, com efeito,
Lhe houvessem sacudido sobre o peito
A máquina pneumática de Bianchi!

E o ar fugindo e a Morte a arca da tumba
A erguer, como um cronômetro gigante,
Marcando a transição emocionante
Do lar materno para a catacumba!

Mas vos não lamenteis, magras mulheres,
Nos ardores danados da febre hética,
Consagrando vossa última fonética
A uma recitação de misereres.

Antes levardes ainda uma quimera
Para a garganta omnívora das lajes
Do que morrerdes, hoje, urrando ultrajes
Contra a dissolução que vos espera!

Porque a morte, resfriando-vos o rosto,
Consoante a minha concepção vesânica,
É a alfândega onde toda a vida orgânica
Há de pagar um dia o último imposto!

IV

Começara a chover. Pelas algentes
Ruas, a água, em cachoeiras desobstruídas,
Encharcava os buracos das feridas,
Alagava a medula dos Doentes!

Do fundo do meu trágico destino,
Onde a Resignação os braços cruza,
Saía, com o vexame de uma fusa,
A mágoa gaguejada de um cretino.

Aquele ruído obscuro de gagueira
Que à noite, em sonhos mórbidos, me acorda
Vinha da vibração bruta da corda
Mais recôndita da alma brasileira!

Aturdia-me a tétrica miragem
De que, naquele instante, no Amazonas,
Fedia, entregue a vísceras glutonas
A carcaça esquecida de um selvagem.

A civilização entrou na taba
Em que ele estava. O gênio de Colombo
Manchou de opróbrios a alma do *mazombo*,
Cuspiu na cova do *morubixaba*!

E o índio, por fim, adstrito à étnica escória,
Recebeu, tendo o horror no rosto impresso,
Esse achincalhamento do progresso
Que o anulava na crítica da História!

Como quem analisa uma apostema,
De repente, acordando na desgraça,
Viu toda a podridão de sua raça
Na tumba de Iracema!...

Ah! Tudo, como um lúgubre ciclone,
Exercia sobre ele ação funesta
Desde o desbravamento da floresta
À ultrajante invenção do telefone.

E sentia-se pior que um vagabundo
Microcéfalo vil que a espécie encerra,
Desterrado na sua própria terra,
Diminuído na crônica do mundo!

A hereditariedade dessa pecha
Seguiria seus filhos. Dora em diante
Seu povo tombaria agonizante
Na luta da espingarda contra a flecha!

Veio-lhe então como à fêmea vêm antojos,
Uma desesperada ânsia improfícua
De estrangular aquela gente iníqua
Que progredia sobre os seus despojos!

Mas, diante a xantocroide raça loura,
Jazem, caladas, todas as inúbias,
E agora, sem difíceis nuanças dúbias
Com uma clarividência aterradora,

Em vez da prisca tribo e indiana tropa
A gente deste século, espantada,
Vê somente a caveira abandonada
De uma raça esmagada pela Europa!

V

Era a hora em que arrastados pelos ventos,
Os fantasmas hamléticos dispersos
Atiram na consciência dos perversos
A sombra dos remorsos famulentos.

As mães sem coração rogavam pragas
Aos filhos bons. E eu, roído pelos medos,
Batia com o pentágono dos dedos
Sobre um fundo hipotético de chagas!

Diabólica dinâmica daninha
Oprimia meu cérebro indefeso
Com a força onerosíssima de um peso
Que eu não sabia mesmo de onde vinha.

Perfurava-me o peito a áspera pua
Do desânimo negro que me prostra,
E quase a todos os momentos mostra
Minha caveira aos bêbados da rua.

Hereditariedades politípicas
Punham na minha boca putrescível
Interjeições de abracadabra horrível
E os verbos indignados das Filípicas.

Todos os vocativos dos blasfemos,
No horror daquela noite monstruosa,
Maldiziam, com voz estentorosa,
A peçonha inicial de onde nascemos.

Como que havia na ânsia de conforto
De cada ser, ex.: o homem e o ofício,
Uma necessidade de suicídio
E um desejo incoercível de ser morto!

Naquela angústia absurda e tragicômica
Eu chorava, rolando sobre o lixo,
Com a contorção neurótica de um bicho
Que ingeriu 30 gramas de nux-vômica.

E, como um homem doido que se enforca,
Tentava, na terráquea superfície,
Consubstanciar-me todo com a imundície,
Confundir-me com aquela coisa porca!

Vinha, às vezes, porém, o anelo instável
De, com o auxílio especial do osso masséter
Mastigando homeomérias neutras de éter
Nutrir-me da matéria imponderável.

Anelava ficar um dia, em suma,
Menor que o anfióxus e inferior à tênia,
Reduzido à plastídula homogênea,
Sem diferenciação de espécie alguma.

Era (nem sei em síntese o que diga)
Um velhíssimo instinto atávico, era
A saudade inconsciente da monera
Que havia sido minha mãe antiga!

Com o horror tradicional da raiva corsa
Minha vontade era, perante a cova,
Arrancar do meu próprio corpo a prova
Da persistência trágica da força.

A pragmática má de humanos usos
Não compreende que a Morte que não dorme
É a absorção do movimento enorme
Na dispersão dos átomos difusos.

Não me incomoda esse último abandono.
Se a carne individual hoje apodrece,
Amanhã, como Cristo, reaparece
Na universalidade do carbono!

A vida vem do éter que se condensa,
Mas o que mais no Cosmos me entusiasma
É a esfera microscópica do plasma
Fazer a luz do cérebro que pensa.

Eu voltarei, cansado da árdua liça,
À substância inorgânica primeva,
De onde, por epigênese, veio Eva
E a *stirpe radiolar* chamada *Actissa*!

Quando eu for misturar-me com as violetas,
Minha lira, maior que a *Bíblia* e a *Fedra*,
Reviverá, dando emoção à pedra,
Na acústica de todos os planetas!

VI

À álgida agulha, agora, alva, a saraiva
Caindo, análoga era... Um cão agora
Punha a atra língua hidrófoba de fora
Em contrações miológicas de raiva.

Mas, para além, entre oscilantes chamas,
Acordavam os bairros da luxúria...
As prostitutas, doentes de hematúria,
Se extenuavam nas camas.

Uma, ignóbil, derreada de cansaço,
Quase que escangalhada pelo vício,
Cheirava com prazer no sacrifício
A lepra má que lhe roía o braço!

E ensanguentava os dedos da mão nívea
Com o sentimento gasto e a emoção pobre
 Nessa alegria bárbara que cobre
Os saracoteamentos da lascívia...

De certo, a perversão de que era presa
O *sensorium* daquela prostituta
Vinha da adaptação quase absoluta
A ambiência microbiana da baixeza!

Entanto, virgem fostes, e, quando o éreis,
Não tínheis ainda essa erupção cutânea,
Nem tínheis, vítima última da insânia,
Duas mamárias glândulas estéreis!

Ah! Certamente, não havia ainda
Rompido, com violência, no horizonte,
O sol malvado que secou a fonte
De vossa castidade agora finda!

Talvez tivésseis fome, e as mãos, embalde,
Estendestes ao mundo, até que, à toa,
Fostes vender a virginal coroa
Ao primeiro bandido do arrabalde.

E estais velha! – De vós o mundo é farto,
E hoje, que a sociedade vos enxota,
Somente as *bruxas* negras da derrota
Frequentam diariamente vosso quarto!

Prometem-vos (quem sabe?!) entre os ciprestes
Longe da mancebia dos alcouces,
Nas quietudes nirvânicas mais doces,
O noivado que em vida não tivestes!

VII

Quase todos os lutos conjugados,
Como uma associação de monopólio,
Lançavam pinceladas pretas de óleo
Na arquitetura arcaica dos sobrados.

Dentro da noite funda um braço humano
Parecia cavar ao longe um poço
Para enterrar minha ilusão de moço,
Como a boca de um poço artesiano!

Atabalhoadamente pelos becos,
Eu pensava nas coisas que perecem,
Desde as musculaturas que apodrecem
À ruína vegetal dos lírios secos.

Cismava no propósito funéreo
Da mosca debochada que fareja
O defunto, no chão frio da igreja,
E vai depois levá-lo ao cemitério!

E esfregando as mãos magras, eu, inquieto,
Sentia, na craniana caixa tosca,
A racionalidade dessa mosca,
A consciência terrível desse inseto!

Regougando, porém, *argots* e aljâmias,
Como quem nada encontra que o perturbe,
A energúmena grei dos ébrios da urbe
Festejava seu sábado de infâmias.

A estática fatal das paixões cegas,
Rugindo fundamente nos neurônios,
Puxava aquele povo de demônios
Para a promiscuidade das adegas.

E a ébria turba que escaras sujas masca,
À falta idiossincrásica de escrúpulo,
Absorvia com gáudio absinto, lúpulo
E outras substâncias tóxicas da tasca.

O ar ambiente cheirava a ácido acético,
Mas, de repente, com o ar de quem empesta,
Apareceu, escorraçando a festa,
A mandíbula inchada de um morfético!

Saliências polimórficas vermelhas,
Em cujo aspecto o olhar perspícuo prende
Punham-lhe num destaque horrendo o
horrendo
Tamanho aberratório das orelhas.

O fácies do morfético assombrava!
– Aquilo era uma negra eucaristia,
Onde minh'alma inteira surpreendia
A Humanidade que se lamentava!

Era todo o meu sonho, assim, inchado,
Já podre, que a morfeia miserável
Tornava às impressões tácteis, palpável,
Como se fosse um corpo organizado!

VIII

Em torno a mim, nesta hora, estriges voam,
E o cemitério, em que eu entrei adrede,
Dá-me a impressão de um *boulevard* que fede,
Pela degradação dos que o povoam.

Quanta gente, roubada à humana corte,
Morre de fome, sobre a palha espessa,
Sem ter, como Ugolino, uma cabeça
Que possa mastigar na hora da morte;

E nua, após baixar ao caos budista,
Vem para aqui, nos braços de um canalha,
Porque o madapolão para a mortalha
Custa 1 $ 200 ao lojista!

Que resta das cabeças que pensaram?!
E afundado nos sonhos mais nefastos,
Ao pegar num milhão de miolos gastos,
Todos os meus cabelos se arrepiaram.

Os evolucionismos benfeitores
Que por entre os cadáveres caminham,
Iguais a irmãs de caridade, vinham
Com a podridão dar de comer às flores!

Os defuntos então me ofereciam
Com as articulações das mãos inermes,
Num prato de hospital, cheio de vermes,
Todos os animais que apodreciam!

É possível que o estômago se afoite
(Muito embora contra isto a alma se irrite)
A cevar o antropófago apetite,
Comendo carne humana, à meia-noite!

Com uma ilimitadíssima tristeza,
Na impaciência do estômago vazio,
Eu devorava aquele bolo frio
Feito das podridões da Natureza!

E hirto, a camisa suada, a alma aos arrancos,
Vendo passar com as túnicas obscuras,
As escaveiradíssimas figuras
Das negras desonradas pelos brancos;

Pisando, como quem salta, entre fardos,
Nos corpos nus as moças hotentotes
Entregues, ao clarão de alguns archotes,
À sodomia indigna dos moscardos;

Eu maldizia o deus de mãos nefandas
Que, transgredindo a igualitária regra
Da Natureza, atira a raça negra
Ao contubérnio diário das quitandas!

Na evolução de minha dor grotesca,
Eu mendigava aos vermes insubmissos
Como indenização dos meus serviços,
O benefício de uma cova fresca.

Manhã. E eis-me a absorver a luz de fora,
Como o íncola do polo ártico, às vezes,
Absorve, após a noite de seis meses,
Os raios caloríficos da aurora.

Nunca mais as goteiras cairiam
Como propositais setas malvadas,
No frio matador das madrugadas,
Por sobre o coração dos que sofriam!

Do meu cérebro à absconsa tábua rasa
Vinha a luz restituir o antigo crédito,
Proporcionando-me o prazer inédito,
De quem possui um sol dentro de casa.

Era a volúpia fúnebre que os ossos
Me inspiravam, trazendo-me ao sol claro,
À apreensão fisiológica do faro
O odor cadaveroso dos destroços!

IX

O inventário do que eu já tinha sido
Espantava. Restavam só de Augusto
A forma de um mamífero vetusto
E a cerebralidade de um vencido!

O gênio procriador espécie eterna
Que me fizera, em vez de hiena ou lagarta,
Uma sobrevivência de Siddharta,
Dentro da filogênese moderna;

E arrancara milhares de existências
Do ovário ignóbil de uma fauna imunda,
Ia arrastando agora a alma infecunda
Na mais triste de todas as falências.

Um céu calamitoso de vingança
Desagregava, déspota e sem normas,
O adesionismo biôntico das formas
Multiplicadas pela lei da herança!

A runa vinha horrenda e deletéria
Do subsolo infeliz, vinha de dentro
Da matéria em fusão que ainda há no centro,
Para alcançar depois a periféria!

Contra a Arte, oh! Morte, em vão teu ódio exerces!
Mas, a meu ver, os sáxeos prédios tortos
Tinham aspectos de edifícios mortos
Decompondo-se desde os alicerces!

A doença era geral, tudo a extenuar-se
Estava. O Espaço abstrato que não morre
Cansara... O ar que, em colônias fluidas, corre,
Parecia também desagregar-se!

Os pródromos de um tétano medonho
Repuxavam-me o rosto... Hirto de espanto,
Eu sentia nascer-me n'alma, entanto,
O começo magnífico de um sonho!

Entre as formas decrépitas do povo,
Já batiam por cima dos estragos
A sensação e os movimentos vagos
Da célula inicial de um Cosmos novo!

O letargo larvário da cidade
Crescia. Igual a um parto, numa furna,
Vinha da original treva noturna
O vagido de uma outra Humanidade!

E eu, com os pés ato lados no Nirvana,
Acompanhava, com um prazer secreto,
A gestação daquele grande feto,
Que vinha substituir a Espécie Humana!

ASA DE CORVO

Asa de corvos carniceiros, asa
De mau agouro que, nos doze meses,
Cobre às vezes o espaço e cobre às vezes
O telhado de nossa própria casa...

Perseguido por todos os reveses,
É meu destino viver junto a essa asa,
Como a cinza que vive junto à brasa,
Como os Goncourts, como os irmãos siameses!

É com essa asa que eu faço este soneto
E a indústria humana faz o pano preto
Que as famílias de luto martiriza...

É ainda com essa asa extraordinária
Que a Morte – a costureira funerária –
Cose para o homem a última camisa!

O MARTÍRIO DO ARTISTA

Arte ingrata! E conquanto, em desalento,
A órbita elipsoidal dos olhos lhe arda,
Busca exteriorizar o pensamento
Que em suas fronetais células guarda!

Tarda-lhe a Ideia! A inspiração lhe tarda!
E ei-lo a tremer, rasga o papel, violento,
Como o soldado que rasgou a farda
No desespero do último momento!

Tenta chorar e os olhos sente enxutos!...
É como o paralítico que, à míngua
Da própria voz, e na que ardente o lavra

Febre de em vão falar, com os dedos brutos
Para falar, puxa e repuxa a língua,
E não lhe vem à boca uma palavra!

O MAR, A ESCADA E O HOMEM

"Olha agora, mamífero inferior,
"À luz da epicurista *ataraxia*,
"O fracasso de tua geografia
"E do teu escafandro esmiuçador!

"Ah! jamais saberás ser superior,
"Homem, a mim, conquanto ainda hoje em dia,
"Com a ampla hélice auxiliar com que outrora ia
"Voando ao vento o vastíssimo vapor,

"Rasgue a água hórrida a nau árdega e singre-me!"
E a verticalidade da Escada íngreme:
"Homem, já transpuseste os meus degraus?!"

E Augusto, o Hércules, o Homem, aos soluços,
Ouvindo a Escada e o Mar, caiu de bruços
No pandemônio aterrador do Caos!

RICORDANZA DELLA MIA GIOVENTÚ

A minha ama de leite Guilhermina
Furtava as moedas que o Doutor me dava.
Sinhá-Mocinha, minha Mãe, ralhava...
Via naquilo a minha própria ruína!

Minha alma, então, hipócrita, afetava
Susceptibilidades de menina:
"– Não, não fora ela!" – E maldizia a sina,
Que ela absolutamente não furtava.

Vejo, entretanto, agora, em minha cama,
Que a mim somente cabe o furto feito...
Tu só furtaste a moeda, o oiro que brilha...

Furtaste a moeda só, mas eu, minha ama,
Eu furtei mais, porque furtei o peito
Que dava leite para a tua filha!

A UM MASCARADO

Rasga esta máscara ótima de seda
E atira-a à arca ancestral dos palimpsestos...
É noite, e, à noite, a escândalos e incestos
É natural que o instinto humano aceda!

Sem que te arranquem da garganta queda
A interjeição danada dos protestos,
Hás de engolir, igual a um porco, os restos
Duma comida horrivelmente azeda!

A sucessão de hebdômadas medonhas
Reduzirá os mundos que tu sonhas
Ao microcosmos do ovo primitivo...

E tu mesmo, após a árdua e atra refrega,
Terás somente uma vontade cega
E uma tendência obscura de ser vivo!

VOZES DE UM TÚMULO

Morri! E a Terra – a mãe comum – o brilho
Destes meus olhos apagou!... Assim
Tântalo, aos reais convivas, num festim,
Serviu as carnes do seu próprio filho!

Por que para este cemitério vim?!
Por quê?! Antes da vida o angusto trilho
Palmilhasse, do que este que palmilho
E que me assombra, porque não tem fim!

No ardor do sonho que o fronema exalta
Construí de orgulho ênea pirâmide alta...
Hoje, porém, que se desmoronou

A pirâmide real do meu orgulho,
Hoje que, apenas, sou matéria e entulho
Tenho consciência de que nada sou!

CONTRASTES

A antítese do novo e do obsoleto,
O Amor e a Paz, o Ódio e a Carnificina,
O que o homem ama e o que o homem abomina,
Tudo convém para o homem ser completo!

O ângulo obtuso, pois, e o ângulo reto,
Uma feição humana e outra divina
São como a eximenina e a endimenina
Que servem ambas para o mesmo feto!

Eu sei tudo isto mais do que o Eclesiastes!
Por justaposição destes contrastes,
Junta-se um hemisfério a outro hemisfério,

Às alegrias juntam-se as tristezas,
E o carpinteiro que fabrica as mesas
Faz também os caixões do cemitério!...

GEMIDOS DE ARTE

I

Esta desilusão que me acabrunha
É mais traidora do que o foi Pilatos!
Por causa disto, eu vivo pelos matos,
Magro, roendo a substância córnea da unha.

Tenho estremecimentos indecisos
E sinto, haurindo o tépido ar sereno
O mesmo assombro que sentiu Parfeno
Quando arrancou os olhos de Dionisos!

Em giro e em redemoinho em mim caminham
Ríspidas mágoas estranguladoras,
Tais quais, nos fortes fulcros, as tesouras
Brônzeas, também giram e redemoinham.

Os pães – filhos legítimos dos trigos –
Nutrem a geração do Ódio e da Guerra...
Os cachorros anônimos da terra
São talvez os meus únicos amigos!

Ah! Por que desgraçada contingência
À híspida aresta sáxea áspera e abrupta
Da rocha brava, numa ininterrupta
Adesão, não prendi minha existência?!

Por que Jeová, maior do que Laplace
Não fez cair o túmulo de Plínio
Por sobre todo o meu raciocínio
Para que eu nunca mais raciocinasse?!

Pois minha Mãe tão cheia assim daqueles
Carinhos, com que guarda meus sapatos,
Por que me deu consciência dos meus atos
Para eu me arrepender de todos eles?!

Quisera antes, mordendo glabros talos,
Nabucodonosor ser do Pau d'Arco,
Beber a acre e estagnada água do charco
Dormir na manjedoura com os cavalos!

Mas a carne é que é humana! A alma é divina.
Dorme num leito de feridas, goza
O lodo, apalpa a úlcera cancerosa,
Beija a peçonha, e não se contamina!

Ser homem! escapar de ser aborto!
Sair de um ventre inchado que se anoja,
Comprar vestidos pretos numa loja
E andar de luto pelo pai que é morto!

E por trezentos e sessenta dias
Trabalhar e comer! Martírios juntos!
Alimentar-se dos irmãos defuntos,
Chupar os ossos das alimarias!

Barulho de mandíbulas e abdômens!
E vem-me com um desprezo por tudo isto
Uma vontade absurda de ser Cristo
Para sacrificar-me pelos homens!

Soberano desejo! Soberana
Ambição de construir para o homem uma
Região, onde não cuspa língua alguma
O óleo rançoso da saliva humana!

Uma região sem nódoas e sem lixos,
Subtraída à hediondez de ínfimo casco,
Onde a forca feroz coma o carrasco
E o olho do estuprador se encha de bichos!

Outras constelações e outros espaços
Em que, no agudo grau da última crise,
O braço do ladrão se paralise
E a mão da meretriz caia aos pedaços!

II

O sol agora é de um fulgor compacto,
E eu vou andando, cheio de chamusco,
Com a flexibilidade de um molusco,
Úmido, pegajoso e untuoso ao tacto!

Reúnam-se em rebelião ardente e acesa
Todas as minhas forças emotivas
E armem ciladas como cobras vivas
Para despedaçar minha tristeza!

O sol de cima espiando a flora moça
Arda, fustigue, queime, corte, morda!...
Deleito a vista na verdura gorda
Que nas hastes delgadas se balouça!

A visto o vulto das sombrias granjas
Perdidas no alto... Nos terrenos baixos,
Das laranjeiras eu admiro os cachos
E a ampla circunferência das laranjas.

Ladra furiosa a tribo dos podengos.
Olhando para as pútridas charnecas
Grita o exército avulso das marrecas
Na úmida copa dos bambus verdoengos.

Um pássaro alvo artífice da teia
De um ninho, salta, no árdego trabalho,
De árvore em árvore e de galho em galho,
Com a rapidez duma semicolcheia.

Em grandes semicírculos aduncos,
Entrançados, pelo ar, largando pelos,
Voam à semelhança de cabelos
Os chicotes finíssimos dos juncos.

Os ventos vagabundos batem, bolem
Nas árvores. O ar cheira. A terra cheira...
E a alma dos vegetais rebenta inteira
De todos os corpúsculos do pólen.

A câmara nupcial de cada ovário
Se abre. No chão coleia a lagartixa,
Por toda a parte a seiva bruta esguicha
Num extravasamento involuntário.

Eu, depois de morrer, depois de tanta
Tristeza, quero, em vez do nome – *Augusto*,
Possuir aí o nome dum arbusto
Qualquer ou de qualquer obscura planta!

III

Pelo acidentadíssimo caminho
Faísca o sol. Nédios, batendo a cauda,
Urram os bois. O céu lembra uma lauda
Do mais incorruptível pergaminho.

Uma atmosfera má de incômoda hulha
Abafa o ambiente. O aziago ar morto a morte
Fede. O ardente calor da areia forte
Racha-me os pés como se fosse agulha.

Não sei que subterrânea e atra voz rouca,
Por saibros e por cem côncavos vales,
Como pela avenida das Mappales,
Me arrasta à casa do finado *Toca*!

Todas as tardes a esta casa venho.
Aqui, outrora, sem conchego nobre,
Viveu, sentiu e amou este homem pobre
Que carregava canas para o engenho!

Nos outros tempos e nas outras eras,
Quantas flores! Agora, em vez de flores,
Os musgos, como exóticos pintores,
Pintam caretas verdes nas taperas.

Na bruta dispersão de vítreos cacos,
À dura luz do sol resplandecente,
Trôpega e antiga, uma parede doente
Mostra a cara medonha dos buracos.

O cupim negro broca o âmago fino
Do tecto. E traça trombas de elefantes
Com as circunvoluções extravagantes
Do seu complicadíssimo intestino.

O lodo obscuro trepa-se nas portas.
Amontoadas em grossos feixes rijos,
As lagartixas dos esconderijos
Estão olhando aquelas coisas mortas!

Fico a pensar no Espírito disperso
Que, unindo a pedra ao gneisse e a árvore à criança,
Como um anel enorme de aliança,
Une todas as coisas do Universo!

E assim pensando, com a cabeça em brasas
Ante a fatalidade que me oprime,
Julgo ver este Espírito sublime,
Chamando-me do sol com as suas asas!

Gosto do sol ignívomo e iracundo
Como o réptil gosta quando se molha
E na atra escuridão dos ares, olha
Melancolicamente para o mundo!

Essa alegria imaterializada,
Que por vezes me absorve, é o óbolo obscuro
É o pedaço já pobre de pão duro
Que o miserável recebeu na estrada!

Não são os cinco mil milhões de francos
Que a Alemanha pediu a Jules Favre...
É o dinheiro coberto de azinhavre
Que o escravo ganha, trabalhando aos brancos!

Seja este sol meu último consolo;
E o espírito infeliz que em mim se encarna
Se alegre ao sol, como quem raspa a sarna,
Só, com a misericórdia de um tijolo!...

Tudo enfim a mesma órbita percorre
E as bocas vão beber o mesmo leite...
A lamparina quando falta o azeite
Morre, da mesma forma que o homem morre.

Súbito, arrebentando a horrenda calma,
Grito, e se grito é para que meu grito
Seja a revelação deste Infinito
Que eu trago encarcerado na minh'alma!

Sol brasileiro! Queima-me os destroços!
Quero assistir, aqui, sem pai que me ame,
De pé, à luz da consciência infame,
À carbonização dos próprios ossos!

Pau d'Arco, 4.5.1907

VERSOS DE AMOR

A um poeta erótico

Parece muito doce aquela cana.
Descasco-a, provo-a, chupo-a... Ilusão treda!
O amor, poeta, é como a cana azeda,
A toda a boca que o não prova engana.

Quis saber que era o amor, por experiência,
E hoje que, enfim, conheço o seu conteúdo,
Pudera eu ter, eu que idolatro o estudo,
Todas as ciências menos esta ciência!

Certo, este o amor não é que, em ânsias, amo
Mas certo, o egoísta amor este é que acinte
Amas, oposto a mim. Por conseguinte
Chamas amor aquilo que eu não chamo.

Oposto ideal ao meu ideal conservas.
Diverso é, pois, o ponto outro de vista
Consoante o qual, observo o amor, do egoísta
Modo de ver, consoante o qual, o observas.

Porque o amor, tal como eu o estou amando,
É Espírito, é éter, é substância fluida,
É assim como o ar que a gente pega e cuida,
Cuida, entretanto, não o estar pegando!

É a transubstanciação de instintos rudes,
Imponderabilíssima e impalpável
Que anda acima da carne miserável
Como anda a garça acima dos açudes!

Para reproduzir tal sentimento
Daqui por diante, atenta a orelha cauta,
Como Mársias – o inventor da flauta –
Vou inventar também outro instrumento!

Mas de tal arte e espécie tal fazê-lo
Ambiciono que o idioma em que te eu falo
Possam todas as línguas decliná-lo
Possam todos os homens compreendê-lo!

Para que, enfim, chegando à última calma
Meu podre coração roto não role,
Integralmente desfibrado e mole,
Como um saco vazio dentro d'alma!

Pau d'Arco, Agosto 1907

SONETOS

I

A meu Pai doente

Para onde fores, Pai, para onde fores,
Irei também, trilhando as mesmas ruas...
Tu, para amenizar as dores tuas,
Eu, para amenizar as minhas dores!

Que cousa triste! O campo tão sem flores,
E eu tão sem crença e as árvores tão nuas
E tu, gemendo, e o horror de nossas duas
Mágoas crescendo e se fazendo horrores!

Magoaram-te, meu Pai?! Que mão sombria,
Indiferente aos mil tormentos teus
De assim magoar-te sem pesar havia?!

– Seria a mão de Deus?! Mas Deus enfim
É bom, é justo, e sendo justo, Deus,
Deus não havia de magoar-te assim!

II
A meu Pai morto

Madrugada de Treze de Janeiro.
Rezo, sonhando, o ofício da agonia.
Meu Pai nessa hora junto a mim morria
Sem um gemido, assim como um cordeiro!

E eu nem lhe ouvi o alento derradeiro!
Quando acordei, cuidei que ele dormia,
E disse à minha Mãe que me dizia:
"Acorda-o"! deixa-o, Mãe, dormir primeiro!

E saí para ver a Natureza!
Em tudo o mesmo abismo de beleza,
Nem uma névoa no estrelado véu...

Mas pareceu-me, entre as estrelas flóreas,
Como Elias, num carro azul de glórias,
Ver a alma de meu Pai subindo ao Céu!

III

Podre meu Pai! A Morte o olhar lhe vidra.
Em seus lábios que os meus lábios osculam
Microrganismos fúnebres pululam
Numa fermentação gorda de cidra.

Duras leis as que os homens e a hórrida hidra
A uma só lei biológica vinculam,
E a marcha das moléculas regulam,
Com a invariabilidade da clepsidra!...

Podre meu Pai! E a mão que enchi de beijos
Roída toda de bichos, como os queijos
Sobre a mesa de orgíacos festins!...

Amo meu Pai na atômica desordem
Entre as bocas necrófagas que o mordem
E a terra infecta que lhe cobre os rins!

O CORRUPIÃO

Escaveirado corrupião idiota,
Olha a atmosfera livre, o amplo éter belo,
E a alga criptógama e a úsnea e o cogumelo
Que do fundo do chão todo o ano brota!

Mas a ânsia de alto voar, de à antiga rota
Voar, não tens mais! E pois, preto e amarelo,
Pões-te a assobiar, bruto, sem cerebelo
A gargalhada da última derrota!

A gaiola aboliu tua vontade.
Tu nunca mais verás a liberdade!...
Ah! Tu somente ainda és igual a mim.

Continua a comer teu milho alpiste.
Foi este mundo que me fez tão triste,
Foi a gaiola que te pôs assim!

NOITE DE UM VISIONÁRIO

Número cento e três. Rua Direita.
Eu tinha a sensação de quem se esfola
E inopinadamente o corpo atola
Numa poça de carne liquefeita!

– Que esta alucinação táctil não cresça!
– Dizia; e erguia, oh! céu, alto, por ver-vos,
Com a rebeldia acérrima dos nervos
Minha atormentadíssima cabeça.

É a potencialidade que me eleva
Ao grande Deus, e absorve em cada viagem
Minh'alma – este sombrio personagem
Do drama panteístico da treva!

Depois de dezesseis anos de estudo
Generalizações grandes e ousadas
Traziam minhas forças concentradas
Na compreensão monística de tudo.

Mas a aguadilha pútrita o ombro inerme
Me aspergia, banhava minhas tíbias,
E a ela se aliava o ardor das sirtes líbias,
Cortando o melanismo da epiderme.

Arimânico gênio destrutivo
Desconjuntava minha autônoma alma
Esbandalhando essa unidade calma,
Que forma a coerência do ser vivo.

E eu saí, a tremer, com a língua grossa
E a volição no cúmulo do exício,
Como quem é levado para o hospício
Aos trambolhões, num canto de carroça!

Perante o inexorável céu aceso
Agregações abióticas espúrias,
Como uma cara, recebendo injúrias,
Recebiam os cuspos do desprezo.

A essa hora, nas telúricas reservas,
O reino mineral americano
Dormia, sob os pés do orgulho humano,
E a cimalha minúscula das ervas.

E não haver quem, íntegra, lhe entregue,
Com os ligamentos glóticos precisos,
A liberdade de vingar em risos
A angústia milenária que o persegue!

Bolia nos obscuros labirintos
Da fértil terra gorda, úmida e fresca,
A ínfima fauna abscôndita e grotesca
Da família bastarda dos helmintos.

As vegetalidades subalternas
Que os serenos noturnos orvalhavam,
Pela alta frieza intrínseca, lembravam
Toalhas molhadas sobre as minhas pernas.

E no estrume fresquíssimo da gleba
Formigavam, com a símplice sarcode,
O vibrião, o anciióstomo, o colpode
E outros irmãos legítimos da ameba!

E todas essas formas que Deus lança
No Cosmos, me pediam, com ar horrível,
Um pedaço de língua disponível
Para a filogenética vingança!

A cidade exalava um podre báfio:
Os anúncios das casas de comércio,
Mais triste que as elegias de Propércio,
Pareciam talvez meu epitáfio.

O motor teleológico da Vida
Parara! Agora, em diástoles de guerra,
Vinha do coração quente da terra
Um rumor de matéria dissolvida.

A química feroz do cemitério
Transformava porções de átomos juntos
No óleo malsão que escorre dos defuntos,
Com a abundância de um *geyser* deletério.

Dedos denunciadores escreviam
Na lúgubre extensão da rua preta
Todo o destino negro do planeta,
Onde minhas moléculas sofriam.

Um necrófilo mau forçava as lousas
E eu – coetâneo do horrendo cataclismo –
Era puxado para aquele abismo
No redemoinho universal das cousas!

ALUCINAÇÃO À BEIRA-MAR

Um medo de morrer meus pés esfriava.
Noite alta. Ante o telúrico recorte,
Na diuturna discórdia, a equórea corte
Atordoadoramente ribombava!

Eu, ególatra céptico, cismava
Em meu destino!... O vento estava forte
E aquela matemática da Morte
Com os seus números negros, me assombrava!

Mas a alga usufrutuária dos oceanos
E os malacopterígios subraquianos
Que um castigo de espécie emudeceu,

No eterno horror das convulsões marítimas
Pareciam também corpos de vítimas
Condenados à Morte, assim como eu!

VANDALISMO

Meu coração tem catedrais imensas
Templos de priscas e longínquas datas,
Onde um nume de amor, em serenatas,
Canta a aleluia virginal das crenças.

Na ogiva fúlgida e nas colunatas
Vertem lustrais irradiações intensas
Cintilações de lâmpadas suspensas
E as ametistas e os florões e as pratas.

Com os velhos Templários medievais
Entrei um dia nessas catedrais
E nesses templos claros e risonhos...

E erguendo os gládios e brandindo as hastas,
No desespero dos iconoclastas
Quebrei a imagem dos meus próprios sonhos!

Pau d'Arco, 1904

VERSOS ÍNTIMOS

Vês?! Ninguém assistiu ao formidável
Enterro de tua última quimera.
Somente a Ingratidão – esta pantera –
Foi tua companheira inseparável!

Acostuma-te à lama que te espera!
O Homem, que, nesta terra miserável,
Mora, entre feras, sente inevitável
Necessidade de também ser fera.

Toma um fósforo. Acende teu cigarro!
O beijo, amigo, é a véspera do escarro,
A mão que afaga é a mesma que apedreja.

Se a alguém causa inda pena a tua chaga,
Apedreja essa mão vil que te afaga,
Escarra nessa boca que te beija!

Pau d'Arco, 1901

A ILHA DE CIPANGO

Estou sozinho! A estrada se desdobra
Como uma imensa e rutilante cobra
De epiderme finíssima de areia...
E por essa finíssima epiderme
Eis-me passeando como um grande verme
Que, ao sol, em plena podridão, passeia!

A agonia do sol vai ter começo!
Caio de joelhos, trêmulo... Ofereço
Preces a Deus de amor e de respeito
E o Ocaso que nas águas se retrata
Nitidamente reproduz, exata,
A saudade interior que há no meu peito...

Tenho alucinações de toda a sorte...
Impressionado sem cessar com a Morte
E sentindo o que um Lázaro não sente,
Em negras nuanças lúgubres e aziagas
Vejo terribilíssimas adagas,
Atravessando os ares bruscamente.

Os olhos volvo para o céu divino
E observo-me pigmeu e pequenino
Através de minúsculos espelhos.
Assim, que diante duma cordilheira,
Para, entre assombros, pela vez primeira,
Sente vontade de cair de joelhos!

Soa o rumor fatídico dos ventos,
Anunciando desmoronamentos
De mil lajedos sobre mil lajedos...
E ao longe soam trágicos fracassos
De heróis, partindo e fraturando os braços
Nas pontas escarpadas dos rochedos!

Mas de repente, um enleio doce,
Qual se num sonho arrebatado fosse,
Na ilha encantada de Cipango tombo,
Da qual, no meio, em luz perpétua, brilha
A árvore da perpétua maravilha,
À cuja sombra descansou Colombo!

Foi nessa ilha encantada de Cipango,
Verde, afetando a forma de um losango,
Rica, ostentando amplo floral risonho,
Que Toscanelli viu seu sonho extinto
E como sucedeu a Afonso Quinto
Foi sobre essa ilha que extingui meu sonho!

Lembro-me bem. Nesse maldito dia
O gênio singular da Fantasia
Convidou-me a sorrir para um passeio...
Iríamos a um país de eternas pazes
Onde em cada deserto há mil oásis
E em cada rocha um cristalino veio.

Gozei numa hora séculos de afagos,
Banhei-me na água de risonhos lagos
E finalmente me cobri de flores...
Mas veio o vento que a Desgraça espalha
E cobriu-me com o pano da mortalha,
Que estou cosendo para os meus amores!

Desde então para cá fiquei sombrio!
Um penetrante e corrosivo frio
Anestesiou-me a sensibilidade
E a grandes golpes arrancou as raízes
Que prendiam meus dias infelizes
A um sonho antigo de felicidade!

Invoco os Deuses salvadores do erro,
A tarde morre. Passa o seu enterro!...
A luz descreve zigue-zagues tortos
Enviando à terra os derradeiros beijos.
Pela estrada feral dois realejos
Estão chorando meus amores mortos!

E a treva ocupa toda a estrada longa...
O Firmamento é uma caverna oblonga
Em cujo fundo a Via Láctea existe.
E como agora a lua cheia brilha!
Ilha maldita vinte vezes a ilha
Que para todo o sempre me fez triste!

Pau d'Arco, 1904

POEMA NEGRO

A Santos Neto

Para iludir minha desgraça, estudo.
Intimamente sei que não me iludo.
Para onde vou (o mundo inteiro o nota)
Nos meus olhares fúnebres, carrego
A indiferença estúpida de um cego
E o ar indolente de um chinês idiota!

A passagem dos séculos me assombra.
Para onde irá correndo minha sombra
Nesse cavalo de eletricidade?
Caminho, e a mim pergunto, na vertigem:
– Quem sou? Para onde vou? Qual minha origem?
E parece-me um sonho a realidade.

Em vão com o grito do meu peito impreco!
Dos brados meus, ouvindo apenas o eco,
Eu torço os braços numa angústia douda
E muita vez, à meia-noite, rio
Sinistramente, vendo o verme frio
Que há de comer a minha carne toda!

É a morte – esta carnívora assanhada –
Serpente má de língua envenenada
Que tudo que acha no caminho, come...
– Faminta e atra mulher que, a 1 de Janeiro,
Sai para assassinar o mundo inteiro,
E o mundo inteiro não lhe mata a fome!

Nesta sombria análise das cousas,
Corro. Arranco os cadáveres das lousas
E as suas partes podres examino...
Mas de repente, ouvindo um grande estrondo,
Na podridão daquele embrulho hediondo
Reconheço assombrado o meu Destino!

Surpreendo-me, sozinho, numa cova,
Então meu desvario se renova...
Como que, abrindo todos os jazigos,
A Morte, em trajes pretos e amarelos,
Levanta contra mim grandes cutelos
E as baionetas dos dragões antigos!

E quando vi que aquilo vinha vindo
Eu fui caindo como um sol caindo
De declínio em declínio; e de declínio
Em declínio, com a gula de uma fera,
Quis ver o que era, e quando vi o que era,
Vi que era pó, vi que era esterquilínio!

Chegou a tua vez, oh! Natureza!
Eu desafio agora essa grandeza,
Perante a qual meus olhos se extasiam...
Eu desafio, desta cova escura,
No histerismo danado da tortura
Todos os monstros que os teus peitos criam.

Tu não és minha mãe, velha nafasta!
Com o teu chicote frio de madrasta
Tu me açoitaste vinte e duas vezes...
Por tua causa apodreci nas cruzes,
Em que pregas os filhos que produzes
Durante os desgraçados nove meses!

Semeadora terrível de defuntos,
Contra a agressão dos teus contrastes juntos
A besta, que em mim dorme, acorda em berros;
Acorda, e após gritar a última injúria,
Chocalha os dentes com medonha fúria
Como se fosse o atrito de dous ferros!

Pois bem! Chegou minha hora de vingança.
Tu mataste meu tempo de criança
E de segunda-feira até domingo,
Amarrado no horror de tua rede,
Deste-me fogo quando eu tinha sede...
Deixa-te estar, canalha, que eu me vingo!

Súbito outra visão negra me espanta!
Estou em Roma. É Sexta-feira Santa.
A treva invade o obscuro orbe terrestre.
No Vaticano, em grupos prosternados,
Com as longas fardas rubras, os soldados
Guardam o corpo do Divino Mestre.

Como as estalactites da caverna,
Cai no silêncio da Cidade Eterna
A água da chuva em largos fios grossos...
De Jesus Cristo resta unicamente
Um esqueleto; e a gente, vendo-o, a gente
Sente vontade de abraçar-lhe os ossos!

Não há ninguém na estrada da Ripetta.
Dentro da Igreja de São Pedro, quieta,
As luzes funerais arquejam fracas...
O vento entoa cânticos de morte.
Roma estremece! Além, num rumor forte,
Recomeça o barulho das matracas.

A desagregação de minha Ideia
Aumenta. Como as chagas da morfeia,
O medo, o desalento e o desconforto
Paralisam-me os círculos motores.
Na Eternidade, os ventos gemedores
Estão dizendo que Jesus é morto!

Não! Jesus não morreu! Vive na serra
Da Borborema, no ar de minha terra,
Na molécula e no átomo... Resume
A espiritualidade da matéria
E ele é que embala o corpo da miséria
E faz da cloaca uma urna de perfume.

Na agonia de tantos pesadelos
Uma dor bruta puxa-me os cabelos.
Desperto. É tão vazia a minha vida!
No pensamento desconexo e falho
Trago as cartas confusas de um baralho
E um pedaço de cera derretida!

Dorme a casa. O céu dorme. A árvore dorme.
Eu, somente eu, com a minha dor enorme
Os olhos ensanguento na vigília!
E observo, enquanto o horror me corta a fala,
O aspecto sepulcral da austera sala
E a impassibilidade da mobília.

Meu coração, como um cristal, se quebre;
O termômetro negue minha febre
Torne-se gelo o sangue que me abrasa,
E eu me converta na cegonha triste
Que das ruínas duma casa assiste
Ao desmoronamento de outra casa!

Ao terminar este sentido poema
Onde vazei a minha dor suprema
Tenho os olhos em lágrimas imersos...
Rola-me na cabeça o cérebro oco,
Por ventura, meu Deus, estarei louco?!
Daqui por diante não farei mais versos.

Paraíba, 1906

QUEIXAS NOTURNAS

Quem foi que viu a minha Dor chorando?!
Saio. Minh'alma sai agoniada.
Andam monstros sombrios pela estrada
E pela estrada, entre estes monstros, ando!

Não trago sobre a túnica fingida
As insígnias medonhas do infeliz
Como os falsos mendigos de Paris
Na atra rua de Santa Margarida.

O quadro de aflições que me consomem
O próprio Pedro Américo não pinta...
Para pintá-lo, era preciso a tinta
Feita de todos os tormentos do homem!

Como um ladrão sentado numa ponte
Espera alguém, armado de arcabuz,
Na ânsia incoercível de roubar a luz,
Estou à espera de que o Sol desponte!

Bati nas pedras dum tormento rude
E a minha mágoa de hoje é tão intensa
Que eu penso que a Alegria é uma doença
E a Tristeza é minha única saúde.

As minhas roupas, quero até rompê-las!
Quero, arrancado das prisões carnais,
Viver na luz dos astros imortais,
Abraçado com todas as estrelas!

A Noite vai crescendo apavorante
E dentro do meu peito, no combate,
E Eternidade esmagadora bate
Numa dilatação exorbitante!

E eu luto contra a universal grandeza
Na mais terrível desesperação...
É a luta, é o prélio enorme, é a rebelião
Da criatura contra a natureza!

Para essas lutas uma vida é pouca
Inda mesmo que os músculos se esforcem;
Os pobres braços do mortal se torcem
E o sangue jorra, em coalhos, pela boca.

E muitas vezes a agonia é tanta
Que, rolando dos últimos degraus,
O Hércules treme e vai tombar no caos
De onde seu corpo nunca mais levanta!

É natural que esse Hércules se estorça,
E tombe para sempre nessas lutas,
Estrangulado pelas rodas brutas
Do mecanismo que tiver mais força.

Ah! Por todos os séculos vindouros
Há de travar-se essa batalha vã
Do dia de hoje contra o de amanhã,
Igual à luta dos cristãos e mouros!

Sobre histórias de amor o interrogar-me
É vão, é inútil, é improfícuo, em suma;
Não sou capaz de amar mulher alguma
Nem há mulher talvez capaz de amar-me.

O amor tem favos e tem caldos quentes
E ao mesmo tempo que faz bem, faz mal;
O coração do Poeta é um hospital
Onde morreram todos os doentes.

Hoje é amargo tudo quanto eu gosto:
A bênção matutina que recebo...
E é tudo: o pão que como, a água que bebo,
O velho tamarindo a que me encosto!

Vou enterrar agora a harpa boêmia
Na atra e assombrosa solidão feroz
Onde não cheguem o eco duma voz
E o grito desvairado da blasfêmia!

Que dentro de minh'alma americana
Não mais palpite o coração – esta arca,
Este relógio trágico que marca
Todos os atos da tragédia humana!

Seja esta minha queixa derradeira
Cantada sobre o túmulo de Orfeu:
Seja este, enfim, o último canto meu
Por esta grande noite brasileira!

Melancolia! Estende-me a tu'asa!
És a árvore em que devo reclinar-me...
Se algum dia o Prazer vier procurar-me
Dize a este monstro que eu fugi de casa!

Pau d'Arco, 1906

TRISTEZAS DE UM QUARTO-MINGUANTE

Quarto-Minguante! E, embora a lua o aclare,
Este Engenho Pau d'Arco é muito triste...
Nos engenhos da várzea não existe
Talvez um outro que se lhe equipare!

Do observatório em que eu estou situado
A lua magra, quando a noite cresce,
Vista, através do vidro azul, parece
Um paralelepípedo quebrado!

O sono esmaga o encéfalo do povo.
Tenho 300 quilos no epigastro...
Dói-me a cabeça. Agora a cara do astro
Lembra a metade de uma casca de ovo.

Diabo! não ser mais tempo de milagre!
Para que esta opressão desapareça
Vou amarrar um pano na cabeça,
Molhar a minha fronte com vinagre.

Aumentam-se-me então os grandes medos.
O hemisfério lunar se ergue e se abaixa
Num desenvolvimento de borracha,
Variando à ação mecânica dos dedos!

Vai-me crescendo a aberração do sonho.
Morde-me os nervos o desejo doudo
De dissolver-me, de enterrar-me todo
Naquele semicírculo medonho!

Mas tudo isto é ilusão de minha parte!
Quem sabe se não é porque não saio
Desde que, sexta-feira, 3 de maio,
Eu escrevi os meus Gemidos de Arte?!

A lâmpada a estirar línguas vermelhas
Lambe o ar. No bruto horror que me arrebata,
Como um degenerado psicopata
Eis-me a contar o número das telhas!

– Uma, duas, três, quatro... E aos tombos, tonta
Sinto a cabeça e a conta perco; e, em suma,
A conta recomeço, em ânsias: – Uma...
Mas novamente eis-me a perder a conta!

Sucede a uma tontura outra tontura.
– Estarei morto?! E a esta pergunta estranha
Responde a vida – aquela grande aranha
Que anda tecendo a minha desventura! –

A luz do quarto diminuindo o brilho
Segue todas as fases de um eclipse...
Começo a ver coisas de Apocalipse
No triângulo escaleno do ladrilho!

Deito-me enfim. Ponho o chapéu num gancho.
Cinco lençóis balançam numa corda,
Mas aquilo mortalhas me recorda,
E o amontoamento dos lençóis desmancho.

Vêm-me à imaginação sonhos dementes.
Acho-me, por exemplo, numa festa...
Tomba uma torre sobre a minha testa,
Caem-me de uma só vez todos os dentes!

Então dois ossos roídos me assombraram...
– "Por ventura haverá quem queira roer-nos?!
Os vermes já não querem mais comer-nos
E os formigueiros já nos desprezaram".

Figuras espectrais de bocas tronchas
Tornam-me o pesadelo duradouro...
Choro e quero beber a água do choro
Com as mãos dispostas à feição de conchas.

Tal uma planta aquática submersa,
Antegozando as últimas delícias
Mergulho as mãos – vis raízes adventícias –
No algodão quente de um tapete persa.

Por muito tempo rolo no tapete.
Súbito me ergo. A lua é morta. Um frio
Cai sobre o meu estômago vazio
Como se fosse um copo de sorvete!

A alta frialdade me insensibiliza;
O suor me ensopa. Meu tormento é infindo...
Minha família ainda está dormindo
E eu não posso pedir outra camisa!

Abro a janela. Elevam-se fumaças
Do engenho enorme. A luz fulge abundante
E em vez do sepulcral Quarto-Minguante
Vi que era o sol batendo nas vidraças.

Pelos respiratórios tênues tubos
Dos poros vegetais, no ato da entrega:
Do mato verde, a terra resfolega
Estrumada, feliz, cheia de adubos.

Côncavo, o céu, radiante e estriado, observa
A universal criação. Broncos e feios,
Vários répteis cortam os campos, cheios
Dos tenros tinhorões e da úmida erva.

Babujada por baixos beiços brutos,
No húmus feraz, hierática, se ostenta
A monarquia da árvore opulenta
Que dá aos homens o óbolo dos frutos.

De mim diverso, rígido e de rastros
Com a solidez do tegumento sujo
Sulca, em diâmetro, o solo um caramujo
Naturalmente pelos mata-pastos.

Entretanto, passei o dia inquieto,
A ouvir, nestes bucólicos retiros,
Toda a salva fatal de 21 tiros
Que festejou os funerais de Hamleto!

Ah! Minha ruína é pior do que a de Tebas!
Quisera ser, numa última cobiça,
A fatia esponjosa de carniça
Que os corvos comem sobre as jurubebas!

Porque, longe do pão com que me nutres
Nesta hora, oh! Vida em que a sofrer me exortas
Eu estaria como as bestas mortas
Pendurado no bico dos abutres!

Pau d'Arco, Maio, 1907

MISTÉRIOS DE UM FÓSFORO

Pego de um fósforo. Olho-o. Olho-o ainda. Risco-o
Depois. E o que depois fica e depois
Resta é um ou, por outra, é mais de um, são dois
Túmulos dentro de um carvão promíscuo.

Dois são, porque um, certo, é do sonho assíduo
Que a individual psique humana tece e
O outro é o do sonho altruístico da espécie
Que é o *substractum* dos sonhos do indivíduo!

E exclamo, ébrio, a esvaziar báquicos odres:
– "Cinza, síntese má da podridão,
"Miniatura alegórica do chão,
"Onde os ventres maternos ficam podres;

"Na tua clandestina e erma alma vasta,
"Onde nenhuma lâmpada se acende,
"Meu raciocínio sôfrego surpreende
"Todas as formas da matéria gasta!"

Raciocinar! Aziaga contingência!
Ser quadrúpede! Andar de quatro pés
É mais do que ser Cristo e ser Moisés
Porque é ser animal sem ter consciência!

Bêbedo, os beiços da ânfora ínfima, harto,
Mergulho, e na ínfima ânfora, harto, sinto
O amargor específico do absinto
E o cheiro animalíssimo do parto!

E afogo mentalmente os olhos fundos
Na amorfia da cítula inicial,
De onde, por epigênese geral,
Todos os organismos são oriundos.

Presto irrupto, através ovoide e hialino
Vidro, aparece, amorfo e lúrido, ante
Minha massa encefálica minguante
Todo o gênero humano intrauterino!

É o caos da ávita víscera avarenta
– Mucosa nojentíssima de pus,
A nutrir diariamente os fetos nus
Pelas vilosidades da placenta! –

Certo, o arquitetural e íntegro aspecto
Do mundo o mesmo inda é, que, ora, o que nele
Morre, sou eu, sois vós, é todo aquele
Que vem de um ventre inchado, ínfimo e infecto!

É a flor dos genealógicos abismos
– Zooplasma pequeníssimo e plebeu
De onde o desprotegido homem nasceu
Para a fatalidade dos tropismos. –

Depois, é o céu abscôndito do Nada,
É este ato extraordinário de morrer
Que há de, na última hebdômada, atender
Ao pedido da célula cansada!

Um dia restará, na terra instável,
De minha antropocêntrica matéria
Numa côncava xícara funérea
Uma colher de cinza miserável!

Abro na treva os olhos quase cegos
Que mão sinistra e desgraçada encheu
Os olhos tristes que meu Pai me deu
De alfinetes, de agulhas e de pregos?!

Pesam sobre o meu corpo oitenta arráteis!
Dentro um dínamo déspota, sozinho,
Sob a morfologia de um moinho,
Move todos os meus nervos vibráteis.

Então, do meu espírito, em segredo,
Se escapa, dentre as tênebras, muito alto,
Na síntese acrobática de um salto,
O espectro angulosíssimo do Medo!

Em cismas filosóficas me perco
E vejo, como nunca outro homem viu,
Na anfigonia que me produziu
Noniliões de moléculas de esterco.

Vida, mônada vil, cósmico zero,
Migalha de albumina semifluida,
Que fez a boca mística do druida
E a língua revoltada de Lutero;

Teus gineceus prolíficos envolvem
Cinza fetal!.. Basta um fósforo só
Para mostrar a incógnita de pó,
Em que todos os seres se resolvem!

Ah! Maldito o conúbio incestuoso
Dessas afinidades eletivas,
De onde quimicamente tu derivas,
Na aclamação simbiótica do gozo!

O enterro de minha última neurona
Desfila... E eis-me outro fósforo a riscar,
E esse acidente químico vulgar
Extraordinariamente me impressiona!

Mas minha crise artrítica não tarda.
Adeus! Que eu vejo enfim, com a alma vencida,
Na abjeção embriológica da vida
O futuro de cinza que me aguarda!

Paraíba, 1910

*DAS
OUTRAS POESIAS*

O LAMENTO DAS COISAS

Triste, a escutar, pancada por pancada,
A sucessividade dos segundos,
Ouço, em sons subterrâneos, do Orbe oriundos,
O choro da Energia abandonada!

É a dor da Força desaproveitada
– O cantochão dos dínamos profundos,
Que, podendo mover milhões de mundos,
Jazem ainda na estática do Nada!

É o soluço da forma ainda imprecisa...
Da transcendência que se não realiza...
Da luz que não chegou a ser lampejo...

E é, em suma, o subsconsciente aí formidando
Da Natureza que parou, chorando,
No rudimentarismo do Desejo!

O MEU NIRVANA

No alheamento da obscura forma humana,
De que, pensando, me desencarcero,
Foi que eu, num grito de emoção, sincero
Encontrei, afinal, o meu Nirvana!

Nessa manumissão schopenhaueriana,
Onde a vida do humano aspecto fero
Se desarraiga, eu, feito força, impero
Na imanência da Ideia Soberana!

Destruída a sensação que oriunda fôra
Do tacto – ínfima antena aferidora
Destas tegumentárias mãos plebeias –

Gozo o prazer, que os anos não carcomem,
De haver trocado a minha forma de homem
Pela imortalidade das Ideias!

CAPUT IMMORTALE

Ad poetam

Na dinâmica aziaga das descidas,
Aglomeradamente e em turbilhão
Solucem dentro do Universo ancião,
Todas as urbes siderais vencidas!

Morra o éter. Cesse a luz. Parem as vidas.
Sobre a pancosmológica exaustão
Reste apenas o acervo árido e vão
Das muscularidades consumidas!

Ainda assim, o animar o cosmos ermo,
Morto o comércio físico nefando,
Oh! Nauta aflito do Subliminal,

Como a última expressão da Dor sem termo,
Tua cabeça há de ficar vibrando
Na negatividade universal!

LOUVOR À UNIDADE

"Escafandros, arpões, sondas e agulhas
"Debalde aplicas aos heterogêneos
"Fenômenos, e, há inúmeros milênios,
"Num pluralismo hediondo o olhar mergulhas!

"Une, pois, a irmanar diamantes e hulhas,
"Com essa intuição monística dos gênios,
"À hirta forma falaz do *aere perennius*
"A transitoriedade das fagulhas!"

– Era a estrangulação, sem retumbância,
Da multimilenária dissonância
Que as harmonias siderais invade...

Era, numa alta aclamação, sem gritos,
O regresso dos átomos aflitos
Ao descanso perpétuo da Unidade!

GUERRA

Guerra é esforço, é inquietude, é ânsia, é transporte...
É a dramatização sangrenta e dura
Da avidez com que o Espírito procura
Ser perfeito, ser máximo, ser forte!

É a Subconsciência que se transfigura
Em volição conflagadora... É a corte
Das raças todas, que se entrega à morte
Para a felicidade da Criatura!

É a obsessão de ver sangue, é o instinto horrendo
De subir, na ordem cósmica, descendo
À irracionalidade primitiva...

E a Natureza que, no seu arcano,
Precisa de encharcar-se em sangue humano
Para mostrar aos homens que está viva!

ULTIMA VISIO

Quando o homem, resgatado da cegueira
Vir Deus num simples grão de argila errante,
Terá nascido nesse mesmo instante
A mineralogia derradeira!

A impérvia escuridão obnubilante
Há de cessar! Em sua glória inteira
Deus resplandecerá dentro da poeira
Como um gasofiláceo de diamante!

Nessa última visão já subterrânea
Um movimento universal de insânia
Arrancará da inconsciência o homem precito...

A Verdade virá das pedras mortas
E o homem compreenderá todas as portas
Que ele ainda tem de abrir para o Infinito!

O POETA DO HEDIONDO

Sofro aceleradíssimas pancadas
No coração. Ataca-me a existência
A mortificadora coalescência
Das desgraças humanas congregadas!

Em alucinatórias cavalgadas,
Eu sinto, então, sondando-me a consciência
A ultrainquisitorial clarividência
De todas as neuronas acordadas!

Quanto me dói no cérebro esta sonda!
Ah! Certamente, eu sou a mais hedionda
Generalização do Desconforto...

Eu sou aquele que ficou sozinho
Cantando sobre os ossos do caminho
 A poesia de tudo quanto é morto!

NUMA FORJA

De inexplicáveis ânsias prisioneiro
Hoje entrei numa forja, ao meio-dia.
Trinta e seis graus à sombra. O éter possuía
A térmica violência de um braseiro.
    Dentro, a cuspir escórias
    De fúlgida limalha
Dardejando centelhas transitórias,
No horror da metalúrgica batalha
    O ferro chiava e ria!

Ria, num sardonismo doloroso
    De ingênita amargura,
    Da qual, bruta, provinha
Como de um negro cáspio de água impura
    A multissecular desesperança
    De sua espécie abjeta
Condenada a uma estática mesquinha!

Ria com essa metálica tristeza
    De ser na Natureza,
    Onde a Matéria avança
    E a Substância caminha
Aceleradamente para o gozo
    Da integração completa,
Uma consciência eternamente obscura!

O ferro continuava a chiar e a rir.
E eu nervoso, irritado,
Quase com febre, a ouvir
Cada átomo de ferro
Contra a incude esmagado
Sofrer, berrar, tinir,

Compreendia por fim que aquele berro
À substância inorgânica arrancado
Era a dor do minério castigado
Na impossibilidade de reagir!

Era um cosmos inteiro sofredor,
Cujo negror profundo
Astro nenhum extorna
Gritando na bigorna
Asperamente a sua própria dor!
Era, erguido do pó,
Inopinadamente
Para que à vida quente
Da sinergia cósmica desperte,
A ansiedade de um mundo
Doente de ser inerte,
Cansado de estar só!

Era a revelação
De tudo que ainda dorme

No metal bruto ou na geleia informe
Do parto primitivo da Criação!
   Era o ruído-clarão
   – O ígneo jacto vulcânico
Que, atravessando a absconsa cripta enorme
   De minha cavernosa subconsciência,
   Punha em clarividência
Intramoleculares sóis acesos
Perpetuamente às mesmas formas presos,
Agarrados à inércia do Inorgânico
   Escravos da Coesão!

Repuxavam-me a boca hórridos trismos
   E eu sentia, afinal,
   Essa angústia alarmante
Própria da alienação raciocinante,
   Cheia de ânsias e medos
   Com crispações nos dedos
   Piores que os paroxismos
Da árvore que a atmosfera ultriz destronca.

A ouvir todo esse cosmos potencial,
Preso aos mineralógicos abismos
   Angustiado e arquejante
A debater-se na estreiteza bronca
   De um bloco de metal!

  Como que a forja tétrica
  Num estridor de estrago
Executava, em lúgubre crescendo
  A antífona assimétrica
E o incompreensível wagnerismo aziago
  De seu destino horrendo!

Ao clangor de tais carnes de martírio
Em cismas negras eu recaio imerso
  Buscando no delírio
De uma imaginação convulsionada
Mais revolta talvez de que a onda atlântica
  Compreender a semântica
Dessa aleluia bárbara gritada
Às margens glacialíssimas do Nada
Pelas cousas mais brutas do Universo!

CANTO DE ONIPOTÊNCIA

Cloto, Átropos, Tifon, Laquésis, Siva...
E acima deles, como um astro, a arder
Na hiperculminação definitiva
O meu supremo e extraordinário Ser!

Em minha sobre-humana retentiva
Brilhavam, como a luz do amanhecer,
A perfeição virtual tornada viva
E o embrião do que podia acontecer!

Por antecipação divinatória,
Eu, projetado muito além da História,
Sentia dos fenômenos o fim...

A coisa em si movia-se aos meus brados
E os acontecimentos subjugados
Olhavam como escravos para mim!

À MESA

Cedo à sofreguidão do estômago. É a hora
De comer. Coisa hedionda! Corro. E agora,
Antegozando a ensanguentada presa,
Rodeado pelas moscas repugnantes,
Para comer meus próprios semelhantes
    Eis-me sentado à mesa!

Como porções de carne morta... Ai! Como
Os que, como eu, têm carne, como este assomo
Que a espécie humana em comer carne tem!...
Como! E pois que a Razão me não reprime,
Possa a terra vingar-se do meu crime
    Comendo-me também.

MÃOS

    Há mãos que fazem medo
Feias agregações pentagonais,
Umas, em sangue, a delinquentes natos,
Assinalados pelo mancinismo,
Pertencentes talvez...
Outras, negras, a farpas de rochedo
Completamente iguais...
Mãos de linhas análogas a anfractos
Que a Natureza onicriadora fez
Em contraposição e antagonismo
Às da estrela, às da neve, às dos cristais.

Mãos que adquiram olhos, pituitárias
Olfativas, tentáculos sutis,
E à noite, vão cheirar, quebrando portas
O azul gasoflóceo silencioso
    Dos tálamos cristãos.
Mãos adúlteras, mãos mais sanguinárias
E estupradoras do que os bisturis
Cortando a carne em flor das crianças mortas.
    Monstruosíssimas mãos,
Que apalpam e olham com lascívia e gozo
A pureza dos corpos infantis

VERSOS A UM COVEIRO

Numerar sepulturas e carneiros,
Reduzir carnes podres a algarismos,
– Tal é, sem complicados silogismos,
A aritmética hedionda dos coveiros!

Um, dois, três, quatro, cinco... Esoterismos
Da Morte! E eu vejo, em fúlgidos letreiros,
Na progressão dos números inteiros
A gênese de todos os abismos!

Oh! Pitágoras da última aritmética,
Continua a contar na paz ascética
Dos tábidos carneiros sepulcrais:

Tíbias, cérebros, crânios, rádios e úmeros,
Porque, infinita como os próprios números,
A tua conta não acaba mais!

AS MONTANHAS

I

Das nebulosas em que te emaranhas
Levanta-te, alma, e dize-me, afinal,
Qual é, na natureza espiritual,
A significação dessas montanhas!

Quem não vê nas graníticas entranhas
A subjetividade ascensional
Paralisada e estrangulada, mal
Quis erguer-se a cumíadas tamanhas?!

Ah! Nesse anelo trágico de altura
Não serão as montanhas, porventura,
Estacionadas, íngremes, assim,

Por um abortamento de mecânica,
A representação ainda inorgânica
De tudo aquilo que parou em mim?!

II

Agora, oh! deslumbrada alma, perscruta
O puerpério geológico interior,
De onde rebenta, em contrações de dor,
Toda a sublevação da crusta hirsuta!

No curso inquieto da terráquea luta
Quantos desejos férvidos de amor
Não dormem, recalcados, sob o horror
Dessas agregações de pedra bruta?!

Como nesses relevos orográficos,
Inacessíveis aos humanos tráficos
Onde sóis, em semente, amam jazer,

Quem sabe, alma, se o que ainda não existe
Não vive gérmen no agregado triste
Da síntese sombria do meu Ser?!

APOCALIPSE

Minha divinatória Arte ultrapassa
Os séculos efêmeros e nota
Diminuição dinâmica, derrota
Na atual força, integérrima, da Massa.

É a subversão universal que ameaça
A Natureza, e, em noite aziaga e ignota,
Destrói a ebulição que a água alvorota
E põe todos os astros na desgraça!

São despedaçamentos, derrubadas,
Federações sidéricas quebradas...
E eu só, o último a ser, pelo orbe adiante,

Espião da cataclísmica surpresa,
A única luz tragicamente acesa
Na universalidade agonizante!

A NAU

A Heitor Lima

Sôfrega, alçando o hirto esporão guerreiro,
Zarpa. A íngreme cordoalha úmida fica...
Lambe-lhe a quilha a espúmea onda impudica
E ébrios tritões, babando, haurem-lhe o cheiro!

Na glauca artéria equórea ou no estaleiro
Ergue a alta mastreação, que o Éter indica,
E estende os braços de madeira rica
Para as populações do mundo inteiro!

Aguarda-a ampla reentrância de angra horrenda,
Para e, a amarra agarrada à âncora, sonha!
Mágoas, se as tem, subjugue-a ou disfarce-as...

E não haver uma alma que lhe entenda
A angústia transoceânica medonha
No rangido de todas as enxárcias!

VIAGEM DE UM VENCIDO

Noite. Cruzes na estrada. Aves com frio...
E, enquanto eu tropeçava sobre os paus,
A efígie apocalíptica do Caos
Dançava no meu cérebro sombrio!

O Céu estava horrivelmente preto
E as árvores magríssimas lembravam
Pontos de admiração que se admiravam
De ver passar ali meu esqueleto!

Sozinho, uivando *hoffmânnicos* dizeres
Aprazia-me assim, na escuridão,
Mergulhar minha exótica visão
Na intimidade noumenal dos seres.

Eu procurava, com uma vela acesa,
O feto original, de onde decorrem
Todas essas moléculas que morrem
Nas transubstanciações da Natureza.

Mas o que meus sentidos apreendiam
Dentro da treva, lúgubre, era só
O ocaso sistemático de pó,
Em que as formas humanas se sumiam!

Reboava, num ruidoso burburinho
Bruto, análogo ao peã de márcios brados,
A rebeldia dos meus pés danados,
Nas pedras resignadas do caminho.

Sentia estar pisando com a planta ávida
Um povo de radículas e embriões
Prestes a rebentar, como vulcões,
Do ventre equatorial da terra grávida!

Dentro de mim, como num chão profundo,
Choravam, com soluços quase humanos,
Convulsionando Céus, almas e oceanos
As formas microscópicas do mundo!

Era a larva agarrada a absconsas landes,
Era o abjeto vibrião rudimentar
Na impotência angustiosa de falar;
No desespero de não serem grandes!

Vinha-me à boca, assim, na ânsia dos párias,
Como o protesto de uma raça invicta,
O brado emocionante de vindicta
Das sensibilidades solitárias!

A longanimidade e o vilipêndio
A abstinência e a luxúria, o bem e o mal
Ardiam no meu orco cerebral,
Numa crepitação própria de incêndio!

Em contraposição à paz funérea,
Doía profundamente no meu crânio
Esse funcionamento simultâneo
De todos os conflitos da matéria!

Eu, perdido no Cosmos, me tornara
A assembleia belígera malsã,
Onde Ormuzd guerreava com Arimã,
Na discórdia perpétua do *sansara*!

Já me fazia medo aquela viagem
A carregar pelas ladeiras tétricas,
Na óssea armação das vértebras simétricas
A angústia da biológica engrenagem!

No Céu, de onde se vê o Homem de rastros,
Brilhava, vingadora, a esclarecer
As manchas subjetivas do meu ser
A espionagem fatídica dos astros!

Sentinelas de espíritos e estradas,
Noite alta, com a sidérica lanterna,
Eles entravam todos na caverna
Das consciências humanas mais fechadas!

Ao castigo daquela rutilância,
Maior que o olhar que perseguiu Caim,
Cumpria-se afinal dentro de mim
O próprio sofrimento da Substância!

Como quem traz ao dorso muitas cargas
Eu sofria, ao colher simples gardênia,
A multiplicidade heterogênea
De sensações diversamente amargas.

Mas das árvores, frias como lousas,
Fluía, horrenda e monótona, uma voz
Tão grande, tão profunda, tão feroz
Que parecia vir da alma das cousas:

"Se todos os fenômenos complexos,
Desde a consciência à antítese dos sexos
Vêm de um dínamo fluídico de gás,
Se hoje, obscuro, amanhã píncaros galgas,
A humildade botânica das algas
De que grandeza não será capaz?!

"Quem sabe, enquanto Deus, Jeová ou Siva
Oculta à tua força cognitiva
Fenomenalidades que hão de vir,
Se a contração que hoje produz o choro
Não há de ser no século vindouro
Um simples movimento para rir?!

"Que espécies outras, do Equador aos polos,
Na prisão milenária dos subsolos,
Rasgando avidamente o húmus malsão,
Não trabalham, com a febre mais bravia,
Para erguer, na ânsia cósmica, a Energia
À última etapa da objetivação?!

"É inútil, pois, que, a espiar enigmas, entres
Na química genésica dos ventres,
Porque em todas as cousas, afinal,
Crânio, ovário, montanha, árvore, *iceberg*,
Tragicamente, diante do Homem, se ergue
A esfinge do Mistério Universal!

"A própria força em que teu Ser se expande,
Para esconder-se nessa esfinge grande,
Deu-te (oh! mistério que se não traduz!)
Neste astro ruim de tênebras e abrolhos
A eféméride orgânica dos olhos
E o simulacro atordoador da Luz!

"Por isto, oh! filho dos terráqueos limos,
Nós, arvoredos desterrados, rimos
Das vãs diatribes com que aturdes o ar...
Rimos, isto é, choramos, porque em suma,
Rir da desgraça que de ti ressuma
É quase a mesma cousa que chorar!"

Às vibrações daquele horrível carme
Meu dispêndio nervoso era tamanho
Que eu sentia no corpo um vácuo estranho
Como uma boca sôfrega a esvaziar-me!

Na avançada epiléptica dos medos
Cria ouvir, a escalar Céus e apogeus,
A voz cavernosíssima de Deus
Reproduzida pelos arvoredos!

Agora, astro decrépido, em destroços,
Eu, desgraçadamente magro, a erguer-me,
Tinha necessidade de esconder-me
Longe da espécie humana, com os meus ossos!

Restava apenas na minha alma bruta
Onde frutificara outrora o Amor
Uma volicional fome interior
De renúncia budística absoluta!

Porque, naquela noite de ânsia e inferno,
Eu fora, alheio ao mundanário ruído,
A maior expressão do homem vencido
Diante da sombra do Mistério Eterno!

A OBSESSÃO DO SANGUE

Acordou, vendo sangue... Horrível! O osso
Frontal em fogo... Ia talvez morrer,
Disse. Olhou-se no espelho. Era tão moço,
Ah! Certamente não podia ser!

Levantou-se. E, eis que viu, antes do almoço,
Na mão dos açougueiros, a escorrer
Fita rubra de sangue muito grosso,
A carne que ele havia de comer!

No inferno da visão alucinada,
Viu montanhas de sangue enchendo a estrada,
Viu vísceras vermelhas pelo chão...

E amou, com um berro bárbaro de gozo,
O monocromatismo monstruoso
Daquela universal vermelhidão!

O ÚLTIMO NÚMERO

Hora da minha morte. Hirta, ao meu lado,
A Ideia estertorava-se... No fundo
Do meu entendimento moribundo
Jazia o Último Número cansado.

Era de vê-lo, imóvel, resignado,
Tragicamente de si mesmo oriundo,
Fora da sucessão, estranho ao mundo,
Com o reflexo fúnebre do Incriado:

Bradei: – Que fazes ainda no meu crânio?
E o Último Número, astro e subterrâneo,
Parecia dizer-me: "É tarde, amigo!

"Pois que a minha ontogênica Grandeza
Nunca vibrou em tua língua presa,
Não te abandono mais! Morro contigo!"

BIOBIBLIOGRAFIA

Augusto Carvalho Rodrigues dos Anjos nasceu a 20 de abril de 1884 no engenho do Pau D'Arco, na então província da Paraíba. O engenho, próximo da Vila do Espírito Santo, hoje Cruz do Espírito Santo, já estava em decadência quando do nascimento do poeta. Era gerido pelo seu avô materno, herdeiro de uma antiga família de senhores rurais, dona também de outro engenho menor, o Coité. Na administração de suas propriedades, ajudava o Doutor (apelido familiar do avô do poeta, por ele citado em "*Ricordanza Della Mia Gioventú*") o seu genro Alexandre Rodrigues dos Anjos, que lhe desposara a filha Córdula, a Sinhá-Mocinha também mencionada no dito soneto. Diplomado em Direito pela Faculdade do Recife, o Dr. Alexandre, pai do poeta, era homem culto, de ideias abolicionistas, republicanas e positivistas. Foi na sua bem sortida biblioteca, regularmente enriquecida com livros franceses por ele importados, que Augusto, o quarto dos nove filhos sobreviventes do casal, faria a sua precoce formação cultural. Foi ainda o pai que lhe lecionou as matérias do curso secundário.

A vocação poética de Augusto despertou cedo: seu primeiro soneto publicado saiu no *Almanaque do Estado da Paraíba* para 1900. A essa cultura, ele ia regularmente à capital do Estado prestar exames preparatórios no Liceu Paraibano, com vistas a poder cursar, como o pai, a Faculdade do Recife. A segurança com que se houve nos exames granjeou-lhe fama na cidade. Já então começara a colaborar em *O Comércio*, jornal onde publicou seus primeiros poemas, no período de 1900 a 1904. Esses tentames, nos quais se fazem sentir influências parnasianas e sobretudo simbolistas, foram desprezados pelo poeta quando selecionou material para o *Eu*. Data do mesmo período um seu malogrado romance com uma retirante temporariamente abrigada no Pau D'Arco. Desgostosa dessa ligação, Sinhá-Mocinha teria mandado dar uma surra na moça, em consequência da qual ela abortou e morreu. Segundo biógrafos citados por R. Magalhães Júnior em *Poesia e Vida de Augusto dos Anjos*, fonte de onde procedem os dados desta notícia acerca da vida do poeta, o acontecimento o teria traumatizado, agravando-lhe a tendência para a melancolia. Para isso concorreu igualmente a doença do pai, vítima de uma trombose cerebral que o paralisou e lhe tirou o uso da fala. Em 1903, Augusto se matricula na Faculdade do Recife, onde fará um curso "vago", isto é, sem assistir às aulas, só comparecendo para os exames. A partir do ano seguinte, começa a publicar em *O Comércio* vários dos poemas posteriormente recolhidos no *Eu*. Em 1905 morre-lhe o pai. Dois anos depois, conclui o curso de Direito e fixa residência na capital da Paraíba para ali se dedicar ao magistério particular, lecionando as matérias do ginásio e preparando alunos para o exame de preparatórios. Conhece por esse tempo uma jovem professora, Ester Fialho, de quem fica noivo. Possivelmente por intermediação do irmão Aprígio, consegue ser nomeado professor interino do Liceu da Paraíba e passa a colaborar no jornal oficial *A União*; ali irá divulgar poemas incluídos no *Eu*, o que mostra ter a sua arte então alcançado a maturidade. Em 1902, a família do poeta se vê forçada a vender os engenhos do Pau D'Arco e do Coité, para liquidar dívidas. Nesse mesmo ano, Augusto se casa com Ester e resolve ir procurar no Rio, onde já viviam dois dos seus irmãos, melhores condições de vida. Lá chega em setembro e se aloja provisoriamente, com a mulher, na casa de um tio. Começam então as longas e baldadas peregrinações à cata de um emprego. Em fevereiro de 1911 Ester perde, num aborto, o primeiro filho, a quem o pai dedica o soneto "Agregado Infeliz de Sangue e Cal", do *Eu*. O casal vive precariamente, mudando-se de pensão para pensão; Augusto consegue afinal um emprego de professor--substituto de Geografia no Ginásio Nacional. Em novembro de 1911, Ester dá à luz uma menina, Glória, e no ano seguinte o poeta passa a lecionar interinamente na Escola Normal, então dirigida por José Veríssimo. A 6 de julho de 1912 fica pronta a primeira edição do *Eu*, financiada pelo irmão do poeta, Odilon. A crítica carioca recebeu elogiosamente o livro e o nome de Augusto começa a tornar-se conhecido, tanto assim que em 1914 foi convidado a participar, ao lado de escritores como Hermes Fontes, José Veríssimo e outros, de um inquérito promovido pelo Dr. Licínio Santos acerca de *A loucura dos intelectuais*. Mas a sua vida econômica continua precária: numa das numerosas cartas que escreveu à mãe, na Paraíba, confessa-lhe: "Continuo nesta luta de Ashaverus do magistério obscuro, caçando por toda a parte alunozinhos particulares etc.". Nos meados de 1914, por intercessão de um concunhado seu, estabelecido em Leopoldina, conseguiu ser nomeado diretor do grupo escolar dessa cidade mineira da Zona da Mata. Para lá se transferiu com a mulher Ester, a filha Glória e o filho Guilherme, nascido em 1913. Mas uma gripe, seguida de pneumonia, matou o poeta a 12 de novembro de 1914; pouco antes de morrer, já sem forças para escrever, ditou a um farmacêutico seu amigo o soneto "O Último Número". Seu corpo está sepultado em Leopoldina.

Único livro de Augusto dos Anjos, *Eu* foi publicado em 1912 numa tiragem de mil exemplares promovida pelo seu próprio autor. Continha 58 poemas. O poeta continuou a escrever versos com vistas a um novo livro, mas a morte precoce frustrou-lhe os planos. A segunda edição de *Eu* foi empreendida por Órris Soares, conterrâneo e amigo de mocidade de Augusto dos Anjos, tendo a tiragem sido paga pelo governo paraibano. Aos 58 poemas de *Eu* acrescentou Órris Soares mais 48, alguns deles já divulgados na imprensa. Seriam as "Outras poesias" a que faz menção o título dessa segunda edição, *Eu e outras poesias*, aparecida em 1920. Seu organizador lhes teria conseguido os originais por intermédio da viúva do poeta a essa altura casada de novo. À reedição aumentada do único livro de Augusto dos Anjos antepôs Órris Soares um "Elogio" que por bom tempo foi a principal, embora parca, fonte de informações acerca do poeta. Posteriormente, outros estudiosos da vida e da obra dele desenterrariam, dos periódicos onde foram originariamente publicados, poemas de adolescência, bem como alguns textos em prosa, que não haviam sido levados em consideração por Órris Soares. Hoje tais versos figuram, nas edições correntes do *Eu e outras poesias*, sob a rubrica de "Poemas esquecidos". Com justa razão os deixou de lado o poeta ao selecionar material para o seu livro, pois são visivelmente inferiores aos de *Eu* e aos de *Outras poesias*. Isto não quer dizer que sejam destituídos de interesse para o crítico ou historiador literário empenhados em rastrear a evolução da arte do poeta, desde os seus primórdios parnasiano--simbolistas até a conquista da dicção pessoal, inconfundível e originalíssima, dos maduros poemas de *Eu*.

Para organizar a presente antologia, na qual busquei incluir o que me parece mais representativo na obra do poeta, vali--me, como texto-base, da valiosa edição, levada a cabo com escrupuloso cuidado por Zenir Campos Reis, da obra completa de

Augusto dos Anjos (*Augusto dos Anjos:* poesia e prosa. São Paulo: Ática, 1977). De todos os poemas aqui incluídos, cotejei o texto da edição Zenir Campos Reis com a de *Eu:* poesias completas, 29ª edição (Rio de Janeiro: Liv. São José, 1963), organizada por Franscisco de Assis Barbosa e Antônio Houaiss. Infelizmente, não pude ter acesso à 30ª edição, feita em 1965 pela mesma Liv. São José, mas consultei-lhe a introdução filológica, "Texto e nota", assinada por Antônio Houaiss, e transcrita na edição do *Eu & outras poesias* feita pela Civilização-Itatiaia em 1982.

Com o intuito de restituir ao leitor de hoje o "estrato ótico" da poesia de Augusto dos Anjos, optou Zenir Campos Reis, em vez de atualizar e uniformizar a grafia da primeira edição de *Eu* e de *Outras poesias,* por reproduzir-lhe a ortografia "etimológica" exatamente como nela aparece, "conservando até mesmo as incoerências", conforme diz a "Introdução crítico-filológica" da sua edição. Embora tomando esta como texto-base, decidi atualizar a grafia dos poemas selecionados para a presente antologia de conformidade com as "Instruções Para a Organização do Vocabulário Ortográfico da Língua Portuguesa" da convenção ortográfica de 1943 entre o Brasil e Portugal, complementadas pela Lei nº 5765, de 18 de dezembro de 1971. Durante o trabalho de atualização ortográfica, guiei-me pelo *Novo Dicionário da Língua Portuguesa* de Aurélio Buarque de Holanda Ferreira (1ª edição, Rio de Janeiro: Nova Fronteira). Ali não constam muitas das "lições conservadoras" por que Antônio Houaiss optou, entre elas: insecto, adstrica, factor, contracção, abstracta, nocturno, uncção, acceda, unctuoso, usufructuária, fractura, electricidade, electivas, projectado, olfactivas, subjectividade, egualitária, creança, lampeão, creariam, deante, peor, mulambo, logar, güelas, stentor, centrosomas, psalmo, similhança, rodomoinho, paralelipípedo, omnicriadores. Por tal razão, as ditas palavras aqui aparecem assim grafadas: inseto, adstrita etc.; igualitária, criança etc.; molambo, lugar, goelas, estentor, centrossomas, salmo, semelhança, redemoinho, paralelepípedo, onicriadores. Mantive todavia as "lições conservadoras" consignadas no Novo Aurélio, a exemplo de: cousa, dous, tecto, céptico, bilião, vindicta etc. Abstive-me de atualizar a grafia de Abhidharma e de Yn. Sempre que a edição Zenir Campos Reis optou por completar ou corrigir a pontuação das edições príncipes de *Eu* e de *Outras poesias* preferi restituir as lições destas, consignadas nas notas de rodapé. Todavia, acolhi a correção de erros como "aere", e não "oere", em "Louvor à Unidade". No caso de "Iandes", de "Viagem de um Vencido" [estrofe 9, verso 1], corrigi para "landes", louvado em Francisco de Assis Barbosa e Antônio Houaiss. Restituí igualmente as lições das príncipes em "astronômica", em vez de "meteórica" ["Cismas do Destino", II, estrofe 17]; em "crusta, em vez de "crosta" ["As Montanhas", II, estrofe 1, verso 4] e em "não vive gérmen", em vez de "não vibra em gérmen" [*Idem, ibidem*, estrofe 4, verso 2]. Todavia, no caso do verso da IV parte de "Cismas do Destino", preferi a lição "desgrenhados" em vez de "desgraçados".

OBRAS SOBRE O AUTOR

COUTINHO, Afrânio e BRAYNER, Sônia (Org.). *Augusto dos Anjos* – textos críticos. Brasília: INL, 1973.
CUNHA, Fausto. Aproximações a Augusto dos Anjos. *Folhetim*, n. 410, suplemento da Folha de S. Paulo, 25/11/1984.
FORTES, Fernando. *Augusto dos Anjos – Eu, tu, ele, nós, vós, eles.* Rio de Janeiro: Edições Mundo Livre, [s.d.].
FREYRE, Gilberto. Nota sobre Augusto dos Anjos. *Perfil de Euclides e outros perfis.* Rio de Janeiro: José Olympio, 1944.
GULLAR, Ferreira. Augusto dos Anjos ou vida e morte nordestina. In: *Toda a poesia de Augusto dos Anjos.* Rio de Janeiro: Paz e Terra, 1976.
IVO, Lêdo. Diatomáceas da Lagoa. In: *Poesia observada.* São Paulo: Duas Cidades, 1978.
LINS, Álvaro. Um poeta moderno e vivo. In: *Os mortos de sobrecasaca.* Rio de Janeiro: Civilização Brasileira, 1963.
MAGALHÃES, Raymundo Jr. *Poesia e vida de Augusto dos Anjos.* 2. ed. corrig. e aument. Rio de Janeiro: Civilização Brasileira, 1978.
PAES, José Paulo. Augusto dos Anjos e o *Art Nouveau*. *Folhetim*, cit.
PONTES, Juca (Ed.). Obras, discussão e crítica num centenário; 100 anos, Augusto dos Anjos. *A União*, João Pessoa, 1984.
PROENÇA, Manuel Cavalcânti. Nota para um rimário de Augusto dos Anjos. In: *Estudos Literários.* Rio de Janeiro: José Olympio, 1971.
ROSENFELD, Anatol. A costela de prata de Augusto dos Anjos. In: *Texto e Contexto.* São Paulo: Perspectiva, 1973.

COLEÇÃO MELHORES POEMAS

CASTRO ALVES
Seleção e prefácio de Lêdo Ivo

LÊDO IVO
Seleção e prefácio de Sergio Alves Peixoto

FERREIRA GULLAR
Seleção e prefácio de Alfredo Bosi

MARIO QUINTANA
Seleção e prefácio de Fausto Cunha

CARLOS PENA FILHO
Seleção e prefácio de Edilberto Coutinho

TOMÁS ANTÔNIO GONZAGA
Seleção e prefácio de Alexandre Eulalio

MANUEL BANDEIRA
Seleção e prefácio de Francisco de Assis Barbosa

CECÍLIA MEIRELES
Seleção e prefácio de Maria Fernanda

CARLOS NEJAR
Seleção e prefácio de Léo Gilson Ribeiro

LUÍS DE CAMÕES
Seleção e prefácio de Leodegário A. de Azevedo Filho

GREGÓRIO DE MATOS
Seleção e prefácio de Darcy Damasceno

ÁLVARES DE AZEVEDO
Seleção e prefácio de Antonio Candido

MÁRIO FAUSTINO
Seleção e prefácio de Benedito Nunes

ALPHONSUS DE GUIMARAENS
Seleção e prefácio de Alphonsus de Guimaraens Filho

OLAVO BILAC
Seleção e prefácio de Marisa Lajolo

JOÃO CABRAL DE MELO NETO
Seleção e prefácio de Antonio Carlos Secchin

FERNANDO PESSOA
Seleção e prefácio de Teresa Rita Lopes

AUGUSTO DOS ANJOS
Seleção e prefácio de José Paulo Paes

BOCAGE
Seleção e prefácio de Cleonice Berardinelli

MÁRIO DE ANDRADE
Seleção e prefácio de Gilda de Mello e Souza

PAULO MENDES CAMPOS
Seleção e prefácio de Guilhermino Cesar

LUÍS DELFINO
Seleção e prefácio de Lauro Junkes

GONÇALVES DIAS
Seleção e prefácio de José Carlos Garbuglio

HAROLDO DE CAMPOS
Seleção e prefácio de Inês Oseki-Dépré

GILBERTO MENDONÇA TELES
Seleção e prefácio de Luiz Busatto

GUILHERME DE ALMEIDA
Seleção e prefácio de Carlos Vogt

JORGE DE LIMA
Seleção e prefácio de Gilberto Mendonça Teles

CASIMIRO DE ABREU
Seleção e prefácio de Rubem Braga

MURILO MENDES
Seleção e prefácio de Luciana Stegagno Picchio

PAULO LEMINSKI
Seleção e prefácio de Fred Góes e Álvaro Marins

RAIMUNDO CORREIA
Seleção e prefácio de Telenia Hill

CRUZ E SOUSA
Seleção e prefácio de Flávio Aguiar

DANTE MILANO
Seleção e prefácio de Ivan Junqueira

JOSÉ PAULO PAES
Seleção e prefácio de Davi Arrigucci Jr.

CLÁUDIO MANUEL DA COSTA
Seleção e prefácio de Francisco Iglésias

MACHADO DE ASSIS
Seleção e prefácio de Alexei Bueno

HENRIQUETA LISBOA
Seleção e prefácio de Fábio Lucas

AUGUSTO MEYER
Seleção e prefácio de Tania Franco Carvalhal

RIBEIRO COUTO
Seleção e prefácio de José Almino

RAUL DE LEONI
Seleção e prefácio de Pedro Lyra

ALVARENGA PEIXOTO
Seleção e prefácio de Antonio Arnoni Prado

CASSIANO RICARDO
Seleção e prefácio de Luiza Franco Moreira

BUENO DE RIVERA
Seleção e prefácio de Affonso Romano de Sant'Anna

IVAN JUNQUEIRA
Seleção e prefácio de Ricardo Thomé

CORA CORALINA
Seleção e prefácio de Darcy França Denófrio

ANTERO DE QUENTAL
Seleção e prefácio de Benjamin Abdalla Junior

NAURO MACHADO
Seleção e prefácio de Hildeberto Barbosa Filho

FAGUNDES VARELA
Seleção e prefácio de Antonio Carlos Secchin

CESÁRIO VERDE
Seleção e prefácio de Leyla Perrone-Moisés

FLORBELA ESPANCA
Seleção e prefácio de Zina Bellodi

VICENTE DE CARVALHO
Seleção e prefácio de Cláudio Murilo Leal

PATATIVA DO ASSARÉ
Seleção e prefácio de Cláudio Portella

ALBERTO DA COSTA E SILVA
Seleção e prefácio de André Seffrin

ALBERTO DE OLIVEIRA
Seleção e prefácio de Sânzio de Azevedo

WALMIR AYALA
Seleção e prefácio de Marco Lucchesi

ALPHONSUS DE GUIMARAENS FILHO
Seleção e prefácio de Afonso Henriques Neto

MENOTTI DEL PICCHIA
Seleção e prefácio de Rubens Eduardo Ferreira Frias

ÁLVARO ALVES DE FARIA
Seleção e prefácio de Carlos Felipe Moisés

SOUSÂNDRADE
Seleção e prefácio de Adriano Espínola

LINDOLF BELL
Seleção e prefácio de Péricles Prade

THIAGO DE MELLO
Seleção e prefácio de Marcos Frederico Krüger

ARNALDO ANTUNES
Seleção e prefácio de Noemi Jaffe

ARMANDO FREITAS FILHO
Seleção e prefácio de Heloisa Buarque de Hollanda

LUIZ DE MIRANDA
Seleção e prefácio de Regina Zilbermann

AFFONSO ROMANO DE SANT'ANNA*
Seleção e prefácio de Miguel Sanches Neto

MÁRIO DE SÁ-CARNEIRO*
Seleção e prefácio de Lucila Nogueira

ALMEIDA GARRET*
Seleção e prefácio de Izabel Leal

RUY ESPINHEIRA FILHO*
Seleção e prefácio de Sérgio Martagão

*PRELO

GRÁFICA PAYM
Tel. (011) 4392-3344
paym@terra.com.br